全 世 界 无 产 者 ，联 合 起 来 ！

马克思

哥达纲领批判

中共中央 马克思　恩格斯　著作编译局编译
列　宁　斯大林

人民出版社

编 辑 说 明

马克思、恩格斯和列宁的著作是马克思主义的理论原典,是学习、研究、宣传和普及马克思主义的基础文献。为了适应马克思主义中国化、时代化、大众化不断推进的形势,满足广大读者多层次的需求,我们总结了迄今为止的编译经验,考察了国内外出版的有关读物,吸收了理论界提出的宝贵建议,精选马克思、恩格斯和列宁的重要著述,编成《马列主义经典作家文库》。

文库辑录的文献分为三个系列:一是著作单行本,收录经典作家撰写的独立成书的重要著作;二是专题选编本,收录经典作家集中论述有关问题的短篇著作和论著节选;三是要论摘编本,辑录经典作家对有关专题的论述,按逻辑结构进行编排。

文库编辑工作遵循面向实践、贴近群众的原则,力求在时代特色、学术质量、编排设计方面体现新的水准。

本系列是《马列主义经典作家文库》的著作单行本,主要收录马克思、恩格斯和列宁的基本著作以及在各个历史时期的代表性著作，同时收入马克思、恩格斯和列宁在不同时期为这些著作撰写的序言、导言或跋。有些重点著作还增设附录，收入对理解和研究经典著作正文有重要参考价值的文献和史料。列入著作单行本系列的文献一般都是全文刊行，只有马克思恩格斯的《德意志意识形态》、马克思的经济学手稿以及列宁的《哲学笔记》等篇幅较大的著作采用节选形式。

著作单行本系列所收的文献均采用马克思、恩格斯和列宁著作最新版本的译文，以确保经典著作译文的统一性和准确性。自1995年起，由我局编译的《马克思恩格斯全集》第二版陆续问世，迄今已出版24卷；从2004年起，我们又先后编译并出版了《马克思恩格斯文集》和《马克思恩格斯选集》第三版。著作单行本系列收录的马克思恩格斯著作采用了上述最新版本的译文，对未收入上述版本的马克思恩格斯著作的译文，我们按照最新版本的编译标准进行了审核和修订；列宁著作则采用由我局编译的《列宁全集》第二版和《列宁选集》第三版修订版译文。

著作单行本系列采用统一的编辑体例。每本书正文前面均刊有《编者引言》，简要地综述相关著作的时代背景、理论观点和历史地位，帮助读者理解原著、把握要义；同时概括地介绍相关著作写作和流传情况以及中文译本的编译出版情况，供读者参考。正文后面均附有注释和人名索引，以便于读者查考和检索。

著作单行本系列的技术规格沿用《马克思恩格斯全集》第二版和《列宁全集》第二版的相关规定。在马克思、恩格斯、列宁著作的目录和正文中，凡标有星花*的标题都是编者加的；引文中的尖括号〈 〉内的文字和标点符号是马克思、恩格斯、列宁加的；未注明"编者注"的脚注,是马克思、恩格斯、列宁的原注;人名索引的条目按汉语拼音字母顺序排列。在马克思恩格斯著作中,引文里加圈点处是马克思、恩格斯加着重号的地方,目录和正文中方括号〔 〕内的文字是编者加的。在列宁著作中,凡注明"俄文版编者注"的脚注都是指《列宁全集》俄文第五版编者加的注,人名索引中的条头括号内用黑体字排印的是相关人物的真实姓名,未加黑体的则是笔名、别名、曾用名或绰号。此外,列宁著作标题下括号内的日期是编者加的;编者加的日期,公历和俄历并用时,俄历在前,公历在后。

中共中央 马克思　恩格斯 著作编译局
　　　　　列　宁　斯大林
2014 年 6 月

目　录

插 图

编 者 引 言

　　《哥达纲领批判》是科学社会主义的重要文献,包括马克思的《德国工人党纲领批注》和他1875年5月5日给威·白拉克的信。

　　19世纪60年代,随着德国民主运动和工人运动的重新高涨,各种工人团体和组织纷纷成立,其中两个主要的工人政党是1863年在莱比锡成立的全德工人联合会和1869年在爱森纳赫成立的德国社会民主工党。

　　全德工人联合会(拉萨尔派)深受拉萨尔主义的影响,反对暴力革命,认为只要争取到了普选权,通过议会斗争就可以把普鲁士君主国家转变为"自由国家";主张在国家帮助下建立生产合作社,把资本主义和平地改造为社会主义;支持普鲁士政府通过王朝战争自上而下地统一德国;在组织上奉行领导人独裁原则。马克思和恩格斯曾多次给拉萨尔派领导人写信,对其思想路线和策略原则进行尖锐的批评。由奥·倍倍尔和威·李卜克内西等人创立的德国社会民主工党(爱森纳赫派)反对拉萨尔主义,主张同普鲁士专制制度作斗争,自下而上地统一德国;坚持工人阶级独立的政治立场和国际主义原则,与第一国际保持密切联系。马克思和恩格斯经常在革命理论和斗争策略上给予爱森纳赫派指导和帮助。

1871年巴黎公社失败后,欧洲工人运动的重心从法国转向德国,德国工人运动的形势和条件发生了较大变化。随着德意志帝国的建立和1873年爆发经济危机,两派工人在政治斗争和经济斗争中合作的必要性日益凸显,要求两党在策略上协调乃至在组织上统一的呼声日益高涨。在这种背景下,爱森纳赫派曾多次向拉萨尔派提议合作,均遭到坚持宗派立场的拉萨尔派领导人的拒绝。因此德国社会民主工党在1874年7月科堡代表大会上确定了对待拉萨尔派"要联合,不要合并"的策略。但不久拉萨尔派领导人迫于内外压力,主动提出同社会民主工党合并。1875年2月14—15日,德国社会民主工党和全德工人联合会在哥达召开合并预备会议,拟定了合并纲领草案《德国工人党纲领》(见本书第69—71页),于1875年3月7日公开发表在各自的机关报上。

《德国工人党纲领》充满了拉萨尔主义的观点,与《德国社会民主工党纲领》(又称爱森纳赫纲领,见本书第67—68页)相比是一个明显的退步,表明爱森纳赫派代表威·李卜克内西等人为了实现两派合并而在原则问题上对拉萨尔派作了重大让步,这使得马克思和恩格斯极为愤怒。这一纲领草案也受到爱森纳赫派其他领导人如倍倍尔和威·白拉克等人的反对,他们希望得到马克思和恩格斯的支持。因此恩格斯在1875年3月18—28日给倍倍尔写了一封长信(见本书第35—42页),对纲领草案的错误进行了深入剖析,严厉地批评了爱森纳赫派个别领导人为了合并而丧失原则的错误做法。1875年4月底至5月初,马克思撰写了《德国工人党纲领批注》,对纲领草案进行了系统而深刻的批判。1875年5月5日,马克思写信给白拉克,说明了他和恩格斯对合并一事的态度,并请白拉克将他对纲领草案的批注转交爱森纳赫派领导人传阅。马克思的《德国工人党纲领批注》连同他给白拉克的信,后来被通称为《哥达纲领批判》。

《哥达纲领批判》对拉萨尔主义进行了深刻的批判,划清了科学社会主义与拉萨尔主义的原则界限,丰富和发展了科学社会主义理论。

1. 批判了拉萨尔主义的"劳动"观和小资产阶级分配理论,提出了共产主义社会发展两个阶段及其特征的理论。针对拉萨尔"劳动是一切财富的源泉"的错误观点,马克思指出,劳动是一种自然力即人的劳动力的表现,在资本主义社会,资产阶级占有生产资料,工人只有得到资本家的雇佣才能进行劳动,才能创造财富,因此说劳动是一切财富的源泉,就掩盖了资本家对工人的剥削,回避了生产资料所有制这个根本问题。针对"公平分配劳动所得"、"不折不扣的劳动所得"等拉萨尔主义信条,马克思指出:"消费资料的任何一种分配,都不过是生产条件本身分配的结果;而生产条件的分配,则表现生产方式本身的性质。例如,资本主义生产方式的基础是:生产的物质条件以资本和地产的形式掌握在非劳动者手中,而人民大众所有的只是生产的人身条件,即劳动力。既然生产的要素是这样分配的,那么自然就产生现在这样的消费资料的分配。"(见本书第16—17页)因此,在生产资料私有制条件下,所谓"公平分配劳动所得"只能是一种空洞的幻想。即使在共产主义社会,劳动者也不可能得到拉萨尔所谓"不折不扣的劳动所得",只有从社会总产品中扣除用于补偿生产资料、扩大再生产、建立后备基金、支付管理费用、满足共同需要、为丧失劳动能力的人设立基金等各部分之后,才谈得上在劳动者之间进行消费资料的分配。

在阐述未来社会的分配方式时,马克思第一次明确地揭示并具体分析了共产主义社会发展的两个阶段及其相互区别的基本特征,这是《哥达纲领批判》对科学社会主义理论的新贡献。马克思设想:"在一个集体的、以生产资料公有为基础的社会中,生产者不交换自己的产品;用在产品上的劳动,在这里也不表现为这些产品的价值,不表现为这些产品所具有的某种物的属性,因为这时,同资本主义社会相反,个人劳动不再经过迂回曲折的道路,而是直接作为总劳动的组成部分存在着。"(见本书第 14 页)这是共产主义社会的共性特征。但在共产主义社会的第一阶段,由于在经济、道德和精神上都还带着资本主义社会的痕迹,所以消费品分配只能遵循商品等价交换的原则,实行按劳分配,"每一个生产者,在作了各项扣除以后,从社会领回的,正好是他给予社会的"(见本书第 14 页)。只有"在共产主义社会高级阶段,在迫使个人奴隶般地服从分工的情形已经消失,从而脑力劳动和体力劳动的对立也随之消失之后;在劳动已经不仅仅是谋生的手段,而且本身成了生活的第一需要之后;随着个人的全面发展,他们的生产力也增长起来,而集体财富的一切源泉都充分涌流之后,——只有在那个时候,才能完全超出资产阶级权利的狭隘眼界,社会才能在自己的旗帜上写上:各尽所能,按需分配!"(见本书第 16 页)

2. 批判了拉萨尔派关于"对工人阶级说来,其他一切阶级只是反动的一帮"的谬论在理论上的错误和在实践中的危害,论述了与民主派小资产阶级、农民等中间阶级结成同盟军的重要性。

同时还批判了拉萨尔派用狭隘民族主义对待工人运动、无视德国工人阶级的国际职责的错误态度,强调了坚持无产阶级国际主义原则的重要性。

3. 批判了拉萨尔"铁的工资规律"的谬论,捍卫了科学的剩余价值理论。马克思指出,"铁的工资规律"是以反动的马尔萨斯人口论为依据的,它把无产阶级的贫困归因于人口的自然繁殖,把资本主义特有的工资规律说成是"自然规律",不懂得工资只是雇佣工人劳动力的价值或价格的隐蔽形式,而将其看做劳动的价值和价格,从而掩盖了资本家剥削工人的实质,起到了为资本主义制度辩护的作用。而根据科学的剩余价值理论,正确的提法应当是废除"雇佣劳动制度"。

4. 批判了拉萨尔"依靠国家帮助建立生产合作社"的观点,坚持了无产阶级革命理论。马克思指出,拉萨尔派将"依靠国家帮助建立生产合作社"作为改造社会的万灵药方,沉迷于改良主义幻想,实质是否定阶级斗争和无产阶级革命。他强调,只有通过社会的革命转变过程彻底变革现存的生产条件,才能真正实现社会主义。

5. 批判了拉萨尔主义关于"自由国家"的谬论,捍卫了无产阶级专政学说,科学地阐述了关于过渡时期的理论。

针对拉萨尔主义抹杀国家的阶级本质,用超阶级的"自由国家"来否定无产阶级革命和无产阶级专政的谬论,马克思阐明了历史唯物主义的国家观,强调了国家的阶级性,指出现代国家"都建立在现代资产阶级社会的基础上"(见本书第27页),德国工人党应当争取的不是"自由国家",而是"民主共和国","正是在资产阶级社会的这个最后的国家形式里阶级斗争要进行最后的决战"

（见本书第 28 页）。

在前瞻共产主义社会的国家制度时，马克思明确指出："在资本主义社会和共产主义社会之间，有一个从前者变为后者的革命转变时期。同这个时期相适应的也有一个政治上的过渡时期，这个时期的国家只能是无产阶级的革命专政。"（见本书第 27 页）马克思对过渡时期理论和无产阶级专政学说的这一科学阐述，进一步丰富和发展了科学社会主义理论。

马克思和恩格斯力图通过对哥达纲领草案的批判促使威·李卜克内西等爱森纳赫派领导人去修正纲领草案中的错误，但是他们的努力没有成功。在 1875 年 5 月的合并大会上，纲领草案在作了几处不重要的修改后被通过。

《哥达纲领批判》在马克思生前没有公开发表。1891 年 1 月，为了反击德国党内的机会主义思潮，肃清拉萨尔主义的影响，帮助德国社会民主党制定正确的纲领，恩格斯不顾党内某些领导人的反对，将这一著作发表在德国社会民主党的理论刊物《新时代》上，并写了序言，阐明了发表的目的和意义。

为了帮助读者进一步了解《哥达纲领批判》的内涵及有关背景，我们在本书附录中刊出了恩格斯的 11 封书信（部分为节选）。这些书信有的反映了恩格斯对纲领草案中理论错误的具体分析，有的表达了恩格斯对爱森纳赫派合并策略的批评，有的反映了恩格斯为公开发表这一著作所做的努力，以及他在发表后同抵制发表这一著作的德国社会民主党领导层之间进行的斗争。这些书信表明，在对两党合并问题和哥达纲领草案的态度上，马克思和恩格斯的立场是完全一致的。此外，本书附录还收入了《德国社会民主工党纲领》、《德国工人党纲领》以及《德国社会主义工人党纲领》的全文,以便读者查阅。

《哥达纲领批判》在《新时代》上公开发表后,德国、奥地利、丹麦、捷克、美国等地的众多社会主义报刊和工人报刊迅速转载;同年在瑞典还出版了瑞典语版的小册子;1894 年 1 月以法语收入在巴黎出版的《政治经济学评论》杂志第 8 年卷第 1 期。

《哥达纲领批判》最早由熊得山译成中文,1922 年发表在北京《今日》杂志第 1 卷第 4 号(马克思特号);1925 年上海解放丛书社出版了李春蕃(柯柏年)的中译本;1939 年延安解放社出版了何思敬、徐冰的中译本。新中国成立后,《哥达纲领批判》由中央编译局重新翻译并历经校订,收入马克思恩格斯的各种著作集。人民出版社还分别在 1965、1992 和 1997 年出版了单行本。

本单行本正文采用《马克思恩格斯选集》第 3 版第 3 卷的最新译文。在准备本版的过程中,编者按照马克思恩格斯著作最新版本的编译标准,对收入附录中的恩格斯书信的译文进行了校订,并对资料部分进行了充实和完善。

卡·马克思

哥达纲领批判

《新时代》1890—1891 年第 9 年卷第 1 册第 18 期发表的
《哥达纲领批判》和恩格斯写的序言

恩格斯写的 1891 年版序言

　　这里刊印的手稿——对纲领草案①的批判以及给白拉克的附信——曾于 1875 年哥达合并代表大会**1**召开以前不久寄给白拉克,请他转给盖布、奥尔、倍倍尔和李卜克内西过目,然后退还马克思。既然哈雷党代表大会**2**已把关于哥达纲领②的讨论提到了党的议事日程,所以我认为,如果我还不发表这个与这次讨论有关的重要的——也许是最重要的——文件,那我就要犯隐匿罪了。

　　但是,这个手稿还有另外的和更广泛的意义。其中第一次明确而有力地表明了马克思对拉萨尔开始从事鼓动工作以来所采取的方针的态度,而且既涉及拉萨尔的经济学原则,也涉及他的策略。

　　这里用以剖析纲领草案的那种无情的尖锐性,用来表述得出的结论和揭露草案缺点的那种严厉性,——这一切在 15 年以后的今天再也不会伤害任何人了。地道的拉萨尔分子只是还有个别的残余存在在国外,而哥达纲领甚至也被它的那些制定者在哈雷当做完全不能令人满意的东西放弃了。

---

① 　指《德国工人党纲领》,见本书第 69—71 页。——编者注
② 　指《德国社会主义工人党纲领》,见本书第 72—74 页。——编者注

虽然如此,我还是在内容不受影响的地方,把一些涉及个人的尖锐的词句和评语删掉了,而用省略号来代替。如果马克思今天发表这个手稿,他自己也会这样做的。手稿中有些地方语气很激烈,这是由下述两种情况引起的:第一,马克思和我同德国运动的关系,比同其他任何一国运动的关系都更为密切;因此这个纲领草案中所表现的明显的退步,不能不使我们感到特别愤慨。第二,那时国际海牙代表大会[3]闭幕才两年,我们正在同巴枯宁和他的无政府主义派进行最激烈的斗争,他们要我们对德国工人运动中发生的一切负责;因而我们不得不预先想到,他们也会把我们说成是这个纲领的秘密制定者。这些顾虑现在已经消失,保留有关词句的必要性也就随之消失。

还由于新闻出版法的缘故,有些语句也只用省略号暗示出来。在我不得不选用比较缓和的说法的地方,加上了方括号。其他地方都按手稿付印。

弗·恩格斯

1891 年 1 月 6 日于伦敦

弗·恩格斯写于 1891 年 1 月 6 日

载于 1890—1891 年《新时代》杂志第 9 年卷第 1 册第 18 期

原文是德文

选自《马克思恩格斯选集》第 3 版第 3 卷第 352—353 页

马克思 1875 年 5 月 5 日给白拉克的信以及
《德国工人党纲领批注》的开头部分

给威廉·白拉克的信

1875 年 5 月 5 日于伦敦

亲爱的白拉克:

下面对合并纲领的批判性批注,请您阅后转交盖布和奥尔、倍倍尔和李卜克内西过目。**注意:手稿必须退还给您**,以便我必要时使用。① 我工作太忙,已经不得不远远超过医生给我限定的工作量。所以,写这么长的东西,对我来说决不是一种"享受"。但是,为了使党内朋友们(这个通知就是为他们写的)以后不致误解我不得不采取的步骤,这是必要的。

这里指的是,在合并大会[1]以后,恩格斯和我将要发表一个简短的声明[4],内容是:我们同上述原则性纲领毫不相干,同它没有任何关系。②

这样做是必要的,因为在国外有一种为党的敌人所热心支持的见解———一种完全荒谬的见解,仿佛我们从这里秘密地操纵所谓爱森纳赫党[5]的运动。例如巴枯宁还在他新近出版的一

---

① 这句话在马克思手稿中写在信头上,并标上一个符号+。1891 年发表时没有这句话。——编者注

② 1891 年发表时删去了这段话。——编者注

本俄文著作①中要我不仅为这个党的所有纲领等等负责,甚至要为李卜克内西自从和人民党⁶合作以来所采取的每一个步骤负责。②

此外,我的义务也不容许我哪怕用外交式的沉默来承认一个我认为极其糟糕的、会使党精神堕落的纲领。

一步实际运动比一打纲领更重要。所以,既然不可能——而局势也不容许这样做——**超过爱森纳赫纲领⁵**,那就干脆缔结一个反对共同敌人的行动协定。但是,制定一个原则性纲领(应该把这件事推迟到由较长时间的共同工作准备好了的时候),这就是在全世界面前树立起可供人们用来衡量党的运动水平的里程碑。

拉萨尔派⁷的首领们靠拢我们,是因为他们为形势所迫。如果一开始就向他们声明,决不拿原则做交易,那么他们就**不得不**满足于一个行动纲领或共同行动的组织计划。可是并没有这样做,反而允许他们拿着委托书来出席,并且自己承认这种委托书是有约束力的,这就等于向那些本身需要援助的人无条件投降。⁸不仅如此,他们甚至在**妥协代表大会以前**又召开一次代表大会,而自己的党却在**事后**才召开自己的代表大会。⁹人们显然是想回避一切批评,不让自己的党有一个深思的机会。③ 大家知道,合并这一事实本身是使工人感到满意的;但是,如果有人以为这种一时的成功不是用过高的代价换来的,那他就错了。

---

① 指米·巴枯宁 1873 年在瑞士用俄文出版的《国家制度和无政府状态》。——编者注
② 1891 年发表时删去了"不仅"二字和"甚至……负责"这半句话。——编者注
③ 1891 年发表时删去了这句话。——编者注

况且,撇开把拉萨尔的信条奉为神圣这一点不谈,这个纲领也是完全要不得的。

我将在最近把《资本论》法文版**10**的最后几分册寄给您。排印工作因法国政府禁止而耽搁了很久。在本星期内或下星期初本书可以印完。前六分册您收到了没有?请把伯恩哈德·贝克尔的**地址**也告诉我,我也要把最后几分册寄给他。①

人民国家报¹¹出版社¹²有自己的习惯。例如到现在为止连一本新版的《科隆共产党人案件》②也没有给我寄来。

致衷心的问候。

您的 卡尔·马克思

卡·马克思写于 1875 年 5 月 5 日

原文是德文

载于 1890—1891 年《新时代》杂志第 9 年卷第 1 册第 18 期

选自《马克思恩格斯选集》第 3 版第 3 卷第 354—356 页

---

① 1891 年发表时删去了这段话。——编者注
② 指马克思《揭露科隆共产党人案件》1875 年第 2 版,见《马克思恩格斯全集》中文第 2 版第 11 卷。——编者注

德国工人党纲领批注

一

1. "劳动是一切财富和一切文化的源泉,**而因为**有益的劳动只有在社会中和通过社会才是可能的,所以劳动所得应当不折不扣和按照平等的权利属于社会一切成员。"

本段第一部分:"劳动是一切财富和一切文化的源泉。"

劳动**不是**一切财富的**源泉**。**自然界**同劳动一样也是使用价值(而物质财富就是由使用价值构成的!)的源泉,劳动本身不过是一种自然力即人的劳动力的表现。上面那句话在一切儿童识字课本里都可以找到,并且**在**劳动具备相应的对象和资料的**前提下**是正确的。可是,一个社会主义的纲领不应当容许这种资产阶级的说法回避那些唯一使这种说法具有意义的**条件**。只有一个人一开始就以所有者的身份来对待自然界这个一切劳动资料和劳动对象的第一源泉,把自然界当做属于他的东西来处置,他的劳动才成为使用价值的源泉,因而也成为财富的源泉。资产者有很充分的理由硬给劳动加上**一种超自然的创造力**,因为正是由于劳动的自然制约性产生出如下的情况:一个除自己的劳动力以外没有任何其他财产的人,在任何社会的和文化的状态中,都不得不为另一些已经成了劳动的物质条件的所有者的人做奴隶。他只有得到他们的允许才能劳动,因而只有得到他们的允许才能生存。

现在不管这句话有什么毛病,我们且把它放在一边。那么结论应当怎样呢? 显然应当是:

"因为劳动是一切财富的源泉,所以社会中的任何人不占有劳动产品就不能占有财富。因此,如果他自己不劳动,他就是靠别人的劳动生活,而且也是靠别人的劳动获得自己的文化。"

可是并没有这样做,反而借助于"**而因为**"这样的字眼硬接上第二句话,以便从第二句,而不是从第一句作出结论来。

本段第二部分:"有益的劳动只有在社会中和通过社会才是可能的。"

按照第一句话,劳动是一切财富和一切文化的源泉,就是说,任何社会都不能离开劳动。相反,我们现在却看到,任何"有益的"劳动都不能离开社会。

那么同样可以说,只有在社会中,无益的、甚至有损公益的劳动才能成为一种行业,只有在社会中才能游手好闲过日子,如此等等,——一句话,可以抄袭卢梭的全部著作了。

而什么是"有益的"劳动呢? 那只能是产生预期的有益结果的劳动。一个蒙昧人(而人在他已不再是猿以后就是蒙昧人)用石头击毙野兽、采集果实等等,就是进行"有益的"劳动。

第三,结论:"而因为有益的劳动只有在社会中和通过社会才是可能的,所以劳动所得应当不折不扣和按照平等的权利属于社会一切成员。"

多妙的结论！既然有益的劳动只有在社会中和通过社会才是可能的，劳动所得就应当属于社会，其中只有不必用来维持劳动"条件"即维持社会的那一部分，才归各个劳动者所得。

事实上，这个论点在一切时代都被**当时的社会制度的先驱**①提出过。首先要满足政府以及依附于它的各个方面的要求，因为政府是维持社会秩序的社会机关；其次要满足各种私有者②的要求，因为各种私有财产是社会的基础，如此等等。你们看，这些空洞的词句是随便怎么摆弄都可以的。

本段第一和第二两部分只有像下面这样说才能有些合乎情理的联系：

"劳动只有作为社会的劳动"，或者换个说法，"只有在社会中和通过社会"，"才能成为财富和文化的源泉"。

这个论点无可争辩地是正确的，因为孤立的劳动（假定它的物质条件是具备的）即使能创造使用价值，也既不能创造财富，又不能创造文化。

但是另一个论点也是同样无可争辩的：

"随着劳动的社会性的发展，以及由此而来的劳动之成为财富和文化的源泉，劳动者方面的贫穷和愚昧、非劳动者方面的财富和文化也发展起来。"

这是直到目前的全部历史的规律。因此，不应当泛泛地谈论"**劳动**"和"**社会**"，而应当在这里清楚地证明，在现今的资本主义社会中怎样最终创造了物质的和其他的条件，使工人能够并且不

---

① 1891年发表时这里是"捍卫者"。——编者注
② 1891年发表时这里是"私有财产"。   编者注

得不铲除这个历史祸害①。

实际上,把这整个行文和内容都不妥当的条文放在这里,只不过是为了把拉萨尔的"不折不扣的劳动所得"**13**作为首要口号写在党的旗帜上。以后我还要回过来谈"劳动所得"、"平等的权利"等等,因为同样的东西在下面又以稍微不同的形式重复出现。

> 2."在现代社会,劳动资料为资本家阶级所垄断;由此造成的工人阶级的依附性是一切形式的贫困和奴役的原因。"

这段从国际章程中抄来的话,经过这番"修订"就变成错误的了。②

在现代社会,劳动资料为土地所有者**和**资本家所垄断(地产的垄断甚至是资本垄断的基础)。无论是前一个或者后一个垄断者阶级,国际章程在有关条文中都没有指名。它谈到的是"**劳动资料即生活源泉的垄断**"。"生活源泉"这一补充语充分表明,劳动资料也包括土地。

作这种修订,是因为拉萨尔由于现在大家都知道的原因**仅仅**攻击资本家阶级,而不攻击土地所有者。**14**在英国,资本家甚至多半不是他的工厂所在的那块土地的所有者。

> 3."劳动的解放要求把劳动资料提高为社会的公共财产,要求集体调节总劳动并公平分配劳动所得。"

---

① 1891年发表时这里是"社会祸害"。——编者注
② 马克思起草的《协会临时章程》的原话是:"劳动者在经济上受劳动资料即生活源泉的垄断者的支配,是一切形式的奴役即一切社会贫困、精神沉沦和政治依附的基础"。参看《马克思恩格斯全集》中文第2版第21卷第16页。——编者注

"把劳动资料提高为公共财产"！应当是说把它们"变为公共财产"。这不过是顺便提一句罢了。

什么是"**劳动所得**"呢？是劳动的产品呢，还是产品的价值？如果是后者，那么，是产品的总价值呢，或者只是劳动新加在消耗掉的生产资料的价值上的那部分价值？

"劳动所得"是拉萨尔为了代替明确的经济学概念而提出的一个模糊观念。

什么是"公平的"分配呢？

难道资产者不是断言今天的分配是"公平的"吗？难道它事实上不是在现今的生产方式基础上唯一"公平的"分配吗？难道经济关系是由法的概念来调节，而不是相反，从经济关系中产生出法的关系吗？难道各种社会主义宗派分子关于"公平的"分配不是也有各种极不相同的观念吗？

为了弄清楚"公平的分配"一语在这里是什么意思，我们必须把第一段和本段对照一下。本段设想的是这样一个社会，在那里"劳动资料是公共财产，总劳动是由集体调节的"，而在第一段我们则看到，"劳动所得应当不折不扣和按照平等的权利属于社会一切成员"。

"属于社会一切成员"？也属于不劳动的成员吗？那么"不折不扣的劳动所得"又在哪里呢？只属于社会中劳动的成员吗？那么社会一切成员的"平等的权利"又在哪里呢？

"社会一切成员"和"平等的权利"显然只是些空话。问题的实质在于：在这个共产主义社会中，每个劳动者都应当得到拉萨尔的"不折不扣的劳动所得"。

如果我们把"劳动所得"这个用语首先理解为劳动的产品，那么集体的劳动所得就是**社会总产品**。

现在从它里面应当扣除：

第一，用来补偿消耗掉的生产资料的部分。

第二，用来扩大生产的追加部分。

第三，用来应付不幸事故、自然灾害等的后备基金或保险基金。

从"不折不扣的劳动所得"中扣除这些部分，在经济上是必要的，至于扣除多少，应当根据现有的物资和力量来确定，部分地应当根据概率计算来确定，但是这些扣除无论如何根据公平原则是无法计算的。

剩下的总产品中的另一部分是用来作为消费资料的。

在把这部分进行个人分配之前，还得从里面扣除：

第一，同生产没有直接①**关系的一般管理费用**。

同现代社会比起来，这一部分一开始就会极为显著地缩减，并随着新社会的发展而日益减少。

第二，用来满足共同需要的部分，如学校、保健设施等。

同现代社会比起来，这一部分一开始就会显著地增加，并随着新社会的发展而日益增长。

第三，为丧失劳动能力的人等等**设立的基金**，总之，就是现在属于所谓官办济贫事业的部分。

只有现在才谈得上纲领在拉萨尔的影响下狭隘地专门注意的那种"分配"，就是说，才谈得上在集体中的各个生产者之间进行分配的那部分消费资料。

---

① 1891 年发表时没有"直接"一词。——编者注

"不折不扣的劳动所得"已经不知不觉地变成"有折有扣的"了,虽然从一个处于私人地位的生产者身上扣除的一切,又会直接或间接地用来为处于社会成员地位的这个生产者谋利益。

正如"不折不扣的劳动所得"一语消失了一样,现在,"劳动所得"一语本身也在消失。

在一个集体的、以生产资料公有为基础的社会中,生产者不交换自己的产品;用在产品上的劳动,在这里也不表现为这些产品的**价值**,不表现为这些产品所具有的某种物的属性,因为这时,同资本主义社会相反,个人的劳动不再经过迂回曲折的道路,而是直接作为总劳动的组成部分存在着。于是,"劳动所得"这个由于含义模糊就是现在也不能接受的用语,便失去了任何意义。

我们这里所说的是这样的共产主义社会,它不是在它自身基础上已经**发展了的**,恰好相反,是刚刚从资本主义社会中**产生出来的**,因此它在各方面,在经济、道德和精神方面都还带着它脱胎出来的那个旧社会的痕迹。所以,每一个生产者,在作了各项扣除以后,从社会领回的,正好是他给予社会的。他给予社会的,就是他个人的劳动量。例如,社会劳动日是由全部个人劳动小时构成的;各个生产者的个人劳动时间就是社会劳动日中他所提供的部分,就是社会劳动日中他的一份。他从社会领得一张凭证,证明他提供了多少劳动(扣除他为公共基金而进行的劳动),他根据这张凭证从社会储存中领得一份耗费同等劳动量的消费资料。他以一种形式给予社会的劳动量,又以另一种形式领回来。

显然,这里通行的是调节商品交换(就它是等价的交换而言)的同一原则。内容和形式都改变了,因为在改变了的情况下,除了自己的劳动,谁都不能提供其他任何东西,另一方面,除了个人的消费资料,没有任何东西可以转为个人的财产。至于消费资料在各个生产者中间的分配,那么这里通行的是商品等价物的交换中通行的同一原则,即一种形式的一定量劳动同另一种形式的同量劳动相交换。

所以,在这里**平等的权利**按照原则仍然是**资产阶级权利**,虽然原则和实践在这里已不再互相矛盾,而在商品交换中,等价物的交换只是**平均来说**才存在,不是存在于每个个别场合。

虽然有这种进步,但这个**平等的权利**总还是被限制在一个资产阶级的框框里。生产者的权利是同他们提供的劳动**成比例的**;平等就在于以**同一尺度**——劳动——来计量。但是,一个人在体力或智力上胜过另一个人,因此在同一时间内提供较多的劳动,或者能够劳动较长的时间;而劳动,要当做尺度来用,就必须按照它的时间或强度来确定,不然它就不成其为尺度了。这种**平等的权利**,对不同等的劳动来说是不平等的权利。它不承认任何阶级差别,因为每个人都像其他人一样只是劳动者;但是它默认,劳动者的不同等的个人天赋,从而不同等的工作能力,是天然特权。**所以就它的内容来讲,它像一切权利一样是一种不平等的权利**。权利,就它的本性来讲,只在于使用同一尺度;但是不同等的个人(而如果他们不是不同等的,他们就不成其为不同的个人)要用同一尺度去计量,就只有从同一个角度去看待他们,从一个**特定的**方面去对待他们,例如在现在所讲的这个场合,把他们**只当做劳动者**,再不把他们看做别的什么,把其他一切都撇开了。其次,一个劳动者已经结婚,另一个则没有;一个劳动者的子女较多,另一个的子女较少,如此等等。因此,在提供的劳动相同,从而由社会消费基金中分得的份额相同的条件下,某一个人事实上所得到的比另一个人多些,也就比另一个人富些,如此等等。要避免所有这些弊病,权利就不应当是平等的,而应当是不平等的。

但是这些弊病,在经过长久阵痛刚刚从资本主义社会产生出来的共产主义社会第一阶段,是不可避免的。权利决不能超出社会的经济结构以及由经济结构制约的社会的文化发展。

在共产主义社会高级阶段,在迫使个人奴隶般地服从分工的情形已经消失,从而脑力劳动和体力劳动的对立也随之消失之后;在劳动已经不仅仅是谋生的手段,而且本身成了生活的第一需要之后;在随着个人的全面发展,他们的①生产力也增长起来,而集体财富的一切源泉都充分涌流之后,——只有在那个时候,才能完全超出资产阶级权利的狭隘眼界,社会才能在自己的旗帜上写上:各尽所能,按需分配!

我较为详细地一方面谈到“不折不扣的劳动所得”,另一方面谈到“平等的权利”和“公平的分配”,是为了指出这些人犯了多么大的罪,他们一方面企图把那些在某个时期曾经有一些意义,而现在已变成陈词滥调的见解作为教条重新强加于我们党,另一方面又用民主主义者和法国社会主义者所惯用的、凭空想象的关于权利等等的废话,来歪曲那些花费了很大力量才灌输给党而现在已在党内扎了根的现实主义观点。

除了上述一切之外,在所谓**分配**问题上大做文章并把重点放在它上面,那也是根本错误的。

消费资料的任何一种分配,都不过是生产条件本身分配的结果;而生产条件的分配,则表现生产方式本身的性质。例如,资本

---

① 1891 年发表时这里没有“他们的”。——编者注

主义生产方式的基础是:生产的物质条件以资本和地产的形式掌握在非劳动者手中,而人民大众所有的只是生产的人身条件,即劳动力。既然生产的要素是这样分配的,那么自然就产生现在这样的消费资料的分配。如果生产的物质条件是劳动者自己的集体财产,那么同样要产生一种和现在不同的消费资料的分配。庸俗的社会主义仿效资产阶级经济学家(一部分民主派又仿效庸俗社会主义)把分配看成并解释成一种不依赖于生产方式的东西,从而把社会主义描写为主要是围绕着分配兜圈子。既然真实的关系早已弄清楚了,为什么又要开倒车呢?

  4.“劳动的解放应当是工人阶级的事情,对它说来,其他一切阶级只是**反动的一帮**。”

  前一句是从国际章程的导言中抄来的,但是经过了“修订”。那里写道:“工人阶级的解放应当是工人自己的事情”①;这里却说“工人阶级”应当解放——解放什么?——“劳动”。谁能理解,就让他去理解吧。

  另一方面,作为补偿,后一句引用了地道的拉萨尔的话:“对它〈工人阶级〉说来,其他一切阶级只组成**反动的一帮**。”**15**

  在《共产主义宣言》②中写道:“在当前同资产阶级对立的一切阶级中,只有无产阶级是**真正革命的阶级**。其余的阶级都随着大工业的发展而日趋没落和灭亡,无产阶级却是大工业本身

---

① 马克思起草的《协会临时章程》的原话是:“工人阶级的解放应该由工人阶级自己去争取。”见《马克思恩格斯全集》中文第2版第21卷第16页。——编者注

② 即《共产党宣言》。——编者注

的产物。"①

资产阶级,作为大工业的体现者,对封建主和中间等级说来,在这里是被当做革命阶级看待的,而封建主和中间等级力求保持过时的生产方式所创造的一切社会阵地。所以他们并不是**同资产阶级一起**只组成反动的一帮。

另一方面,无产阶级对资产阶级说来是革命的,因为无产阶级本身是在大工业基地上成长起来的,它力求使生产摆脱资产阶级企图永远保存的资本主义性质。但是,《宣言》又补充说:"中间等级……是革命的,那是鉴于他们行将转入无产阶级的队伍。"②

所以,从这个观点看来,说什么对工人阶级说来,中间等级"同资产阶级一起"并且加上封建主"只组成反动的一帮",这也是荒谬的。

难道在最近这次选举[16]中有人向手工业者、小工业家等等以及**农民**说过:对我们说来,你们同资产者和封建主一起只组成反动的一帮吗?

拉萨尔熟知《共产主义宣言》,就像他的信徒熟知他写的福音书一样。他这样粗暴地歪曲《宣言》,不过是为了粉饰他同专制主义者和封建主义者这些敌人结成的反资产阶级联盟。

此外,在上面这一段,他的格言是勉强塞进去的,它同那句从国际章程中摘来但被歪曲了的引语毫不相干。这纯粹是一种狂妄无耻的做法,而且绝对不是俾斯麦先生所不喜欢的,这是柏林的马拉[17]所干的廉价的蛮横行径之一。

----

① 见《马克思恩格斯选集》第 3 版第 1 卷第 410—411 页。——编者注
② 同上,第 411 页。——编者注

5."工人阶级为了本身的解放,首先是**在现代民族国家的范围内**进行活动,同时意识到,它的为一切文明国家的工人所共有的那种努力必然产生的结果,将是各民族的国际的兄弟联合。"

同《共产主义宣言》和先前的一切社会主义相反,拉萨尔从最狭隘的民族观点来理解工人运动。有人竟在这方面追随他,而且这是在国际进行活动以后!

不言而喻,为了能够进行斗争,工人阶级必须在国内**作为阶级**组织起来,而且它的直接的斗争舞台就是本国。所以,它的阶级斗争不就内容来说,而像《共产主义宣言》所指出的"就形式来说",是本国范围内的斗争。①但是,"现代民族国家的范围",例如德意志帝国,本身又在经济上"处在世界市场的范围内",在政治上"处在国家体系的范围内"。任何一个商人都知道德国的贸易同时就是对外贸易,而俾斯麦先生的伟大恰好在于他实行一种**国际的**政策。

而德国工人党把自己的国际主义归结为什么呢? 就是意识到它的努力所产生的结果"将是**各民族的国际的兄弟联合**"。这句从资产阶级的和平和自由同盟[18]那里抄来的话,是要用来代替各国工人阶级在反对各国统治阶级及其政府的共同斗争中的国际兄弟联合的。这样,**关于**德国工人阶级的**国际职责**竟一字不提! 德国工人阶级竟然应当这样去对付为反对它而已经同其他一切国家的资产者实现兄弟联合的本国资产阶级,对付俾斯麦先生的国际阴谋政策[19]!

①　见《马克思恩格斯选集》第 3 版第 1 卷第 412 页。——编者注

实际上，这个纲领的国际信念，比自由贸易派[20]的国际信念**还差得难以估量**。自由贸易派也说，它的努力所产生的结果是"各民族的国际的兄弟联合"。但是它还**做**一些事使贸易成为国际性的，而决不满足于意识到一切民族只在本国从事贸易。

各国工人阶级的国际活动绝对不依赖于"**国际工人协会**"[21]的存在。"国际工人协会"只是为这种活动创立一个中央机关的第一个尝试；这种尝试由于它所产生的推动力而留下了不可磨灭的成绩，但是在巴黎公社失败之后，已经不能再以**它的第一个历史形态**继续下去了。

俾斯麦的《北德报》为了使其主子满意，宣称德国工人党在新纲领中放弃了国际主义，这倒是完全说对了。[22]

二

> "德国工人党从这些原则出发,用一切合法手段去争取建立**自由国家**——和——社会主义社会:废除工资制度**连同铁的工资规律**——和——任何形式的剥削,消除一切社会的和政治的不平等。"

关于"自由"国家,我后面再讲。

这样,德国工人党将来就必须信奉拉萨尔的"铁的工资规律"[23]了!为了不让它埋没掉,竟胡说什么"废除工资制度〈应当说:雇佣劳动制度〉**连同铁的工资规律**"。如果我废除了雇佣劳动,我当然也就废除了它的规律,不管这些规律是"铁的"还是海绵的。但是拉萨尔反对雇佣劳动的斗争几乎只是围绕着这个所谓的规律兜圈子。所以,为了证明拉萨尔宗派已经获得胜利,应当废除"工资制度**连同铁的工资规律**",而不是不连同后者。

大家知道,在"铁的工资规律"中,除了从歌德的"永恒的、铁的、伟大的规律"[24]中抄来的"铁的"这个词以外,没有什么东西是拉萨尔的。"**铁的**"这个词是正统的信徒们借以互相识别的一个标记。但是,如果我接受带有拉萨尔印记因而是拉萨尔所说的意义上的规律,我就不得不连同他的论据一起接受下来。这个论据是什么呢? 正如朗格在拉萨尔死后不久所表明的[25],这就是(朗格自己宣扬的)马尔萨斯的人口论[26]。但是,如果这个理论是正确的,那么,我即使把雇佣劳动废除一百次,也还废除**不了**这个规律,因为在这种情况下,这个规律不仅支配着雇佣劳动制度,而且支配着**一切**社会制度。经济学家们 50 多年以来正是以此为根据证明,社会主义不能消除**自然本身造成的**贫困,而只能使它**普遍化**,使它同时分布在社会的整个表面上!

但是,这一切都不是主要的。**完全撇开**拉萨尔对这个规律的**错误**表述不谈,真正令人气愤的退步在于:

自从拉萨尔死后,在**我们党内**,这样一种科学见解已经给自己开辟了道路,就是**工资**不是它**表面上呈现的**那种东西,不是**劳动的价值或价格**,而只是**劳动力的价值或价格**的隐蔽形式。这样,过去关于工资的全部资产阶级见解以及对这种见解的全部批评都被彻底推翻了,并且弄清了:雇佣工人只有为资本家(因而也为同资本家一起分享剩余价值的人)白白地劳动一定的时间,才被允许为维持自己的生活而劳动,就是说,才被允许**生存**;整个资本主义生产体系的中心问题,就是用延长工作日,或者提高生产率,增强劳动力的紧张程度等等办法,来增加这个无偿劳动;因此,雇佣劳动制度是奴隶制度,而且劳动的社会生产力越发展,这种奴隶制度就越残酷,不管工人得到的报酬较好或是较坏。而现在,当这个见解在我们党内越来越给自己开辟出道路的时候,竟有人倒退到拉萨尔的教条那里去,虽然他们应当知道,拉萨尔并**不懂得**什么是工资,而是跟着资产阶级经济学家把事物的外表当做事物的本质。

这正像奴隶们终于发现了自己受奴役的秘密而举行起义时,其中有一个为陈旧观念所束缚的奴隶竟在起义的纲领上写道:奴隶制度必须废除,因为在奴隶制度下,奴隶的给养最多不能超过某个非常低的标准!

我们党的代表们竟如此粗暴地践踏这个在党员群众中广泛传播的见解,仅仅这一事实岂不就证明了他们在草拟妥协纲领时是多么令人不能容忍地轻率,多么无耻①!

本段末尾"消除一切社会的和政治的不平等"这一不明确的语句,应当改成:随着阶级差别的消灭,一切由这些差别产生的社会的和政治的不平等也自行消失。

---

① 1891年发表时没有"多么令人不能容忍地"和"多么无耻"。——编者注

三

> "为了替社会问题的解决开辟道路，德国工人党要求在劳动人民的民主监督下，依靠国家帮助建立生产合作社。在工业和农业中，生产合作社必须广泛建立，以致能从它们里面产生总劳动的社会主义的组织。"

在拉萨尔的"铁的工资规律"之后，就是这个先知提出的救世良方！"道路"确实"开辟"得不错！现存的阶级斗争被换上了拙劣的报刊作家的空话——要"开辟道路"来**解决**的"社会问题"。"总劳动的社会主义的组织"不是从社会的革命转变过程中，而是从国家给予生产合作社的"国家帮助"中"产生"的，并且这些生产合作社是由**国家**而不是由工人"**建立**"的。这真不愧为拉萨尔的幻想：靠国家贷款能够建设一个新社会，就像能够建设一条新铁路一样！

由于还知道一点羞耻，于是就把"国家帮助"置于——"劳动人民的民主监督下"。

第一，德国的"劳动人民"大多数是农民而不是无产者。

第二，"民主的"这个词在德语里意思是"人民当权的"。什么是"劳动人民的人民当权的监督"呢？何况所说的是这样的劳动人民，他们通过向国家提出的这些要求表明，他们充分意识到自己既没有当权,也没有成熟到当权的程度!

在这里深入批评毕舍在路易-菲力浦时代为了**对付**法国社会主义者而开列的、被《工场》派的反动工人所采用的药方[27],那是多余的。主要的过失不在于把这个特殊的万灵药方写入了纲领,而在于从阶级运动的立场完全退到宗派运动的立场。

如果说工人们想要在社会的范围内,首先是在本国的范围内创造合作生产的条件,这只是表明,他们力争变革现存的生产条件,而这同靠国家帮助建立合作社毫无共同之处! 至于现有的合作社,它们**只是**在工人自己独立创办,既不受政府保护,也不受资产者保护的情况下,才有价值。

四

现在我来谈民主的一节。

A. "国家的自由的基础。"

首先,照第二节的说法,德国工人党争取建立"自由国家"。

自由国家,这是什么东西?

使国家变成"自由的",这决不是已经摆脱了狭隘的臣民见识[28]的工人的目的。在德意志帝国,"国家"几乎同在俄国一样地"自由"。自由就在于把国家由一个高踞社会之上的机关变成完全服从这个社会的机关;而且就在今天,各种国家形式比较自由或比较不自由,也取决于这些国家形式把"国家的自由"限制到什么程度。

德国工人党——至少是当它接受了这个纲领的时候——表明:它对社会主义思想领会得多么肤浅,它不把现存社会(对任何未来社会也是一样)当做现存**国家的**(对未来社会来说是未来国家的)**基础**,反而把国家当做一种具有自己的"**精神的、道德的、自由的基础**"的独立存在物。

而且纲领还荒谬地滥用了"**现代国家**"、"**现代社会**"等字眼,甚至更荒谬地误解了向之提出自己要求的那个国家!

　　"现代社会"就是存在于一切文明国度中的资本主义社会,它或多或少地摆脱了中世纪的杂质,或多或少地由于每个国度的特殊的历史发展而改变了形态,或多或少地有了发展。"现代国家"却随国境而异。它在普鲁士德意志帝国同在瑞士不一样,在英国同在美国不一样。所以,"现代国家"是一种虚构。

　　但是,不同的文明国度中的不同的国家,不管它们的形式如何纷繁,却有一个共同点:它们都建立在现代资产阶级社会的基础上,只是这种社会的资本主义发展程度不同罢了。所以,它们具有某些根本的共同特征。在这个意义上可以谈"现代国家制度",而未来就不同了,到那时,"现代国家制度"现在的根基即资产阶级社会已经消亡了。

　　于是就产生了一个问题:在共产主义社会中国家制度会发生怎样的变化呢? 换句话说,那时有哪些同现在的国家职能相类似的社会职能保留下来呢? 这个问题只能科学地回答;否则,即使你把"人民"和"国家"这两个词联接一千次,也丝毫不会对这个问题的解决有所帮助。

　　在资本主义社会和共产主义社会之间,有一个从前者变为后者的革命转变时期。同这个时期相适应的也有一个政治上的过渡时期,这个时期的国家只能是**无产阶级的革命专政**。

　　但是,这个纲领既不谈无产阶级的革命专政,也不谈未来共产主义社会的国家制度。

　　纲领的政治要求除了人所共知的民主主义的陈词滥调,如普选权、直接立法、人民权利、国民军等等,没有任何其他内容。这纯粹是资产阶级的人民党[6]、和平和自由同盟[18]的回声。所有这些要求,只要不是靠幻想夸大了的,都已经**实现了**。不过实现了这些要

27

求的国家不是在德意志帝国境内,而是在瑞士、美国等等。这类"未来国家"就是**现代国家**,虽然它是存在于德意志帝国的"范围"以外。

但是他们忘记了一点。既然德国工人党明确地声明,它是在"现代民族国家"内,就是说,是在自己的国家即普鲁士德意志帝国内进行活动——否则,它的大部分要求就没有意义了,因为人们只要求他们还没有的东西——,那么,它就不应当忘记主要的一点,就是说,这一切美妙的玩意儿都建立在承认所谓人民主权的基础上,所以它们只有在**民主共和国**内才是适宜的。

既然他们没有勇气①像法国工人纲领在路易-菲力浦和路易-拿破仑时代那样要求民主共和国——而这是明智的,因为形势要求小心谨慎——,那就不应当采取这个既不"诚实"[29]也不体面的②手法:居然向一个以议会形式粉饰门面、混杂着封建残余、同时已经受到资产阶级影响、按官僚制度组成、以警察来保护的军事专制国家,要求只有在民主共和国里才有意义的东西,并且还向这个国家庄严地保证,他们认为能够"用合法手段"从它那里争得这类东西!③

庸俗民主派把民主共和国看做千年王国[30],他们完全没有想到,正是在资产阶级社会的这个最后的国家形式里阶级斗争要进行最后的决战,——就连这样的庸俗民主派也比这种局限于为警察所容许而为逻辑所不容许的范围内的民主主义高明得多。

---

① 1891 年发表时这里是"既然他们不可能"。——编者注
② 1891 年发表时删去了"既不'诚实'也不体面的"这几个字。——编者注
③ 1891 年发表时删去了"并且……这类东西!"这句话。——编者注

事实上,他们是把"国家"理解为政府机器,或者理解为构成一个由于分工而同社会分离的独特机体的国家,这可以从下面的话得到证明:"德国工人党提出下列要求**作为国家的经济的基础**:……交纳单一的累进所得税……"赋税是政府机器的经济的基础,而不是其他任何东西的经济的基础。在存在于瑞士的"未来国家"里,这种要求差不多已经实现了。所得税是以不同社会阶级的不同收入来源为前提,因而是以资本主义社会为前提。所以,利物浦的财政改革派[31]——以格莱斯顿的弟弟为首的资产者——提出和这个纲领相同的要求,这是不足为奇的。

> B."德国工人党提出下列要求作为国家的精神的和道德的基础:
>
> 1.由国家实行普遍的和**平等的国民教育**。实行普遍的义务教育。实行免费教育。"

平等的国民教育? 他们怎样理解这句话呢? 是不是以为在现代社会中(而所谈到的只能是现代社会)教育对一切阶级都可以是**平等的**呢? 或者是要求用强制的方式使上层阶级也降到国民学校这种很低的教育水平,即降到仅仅适合于雇佣工人甚至农民的经济状况的教育水平呢?

"实行普遍的义务教育。实行免费教育。"前者甚至存在于德国,后者就国民学校来说存在于瑞士和美国。如果说,在美国的几个州里,"高一级的"学校也是"免费的",那么,事实上这不过是从总税收中替上层阶级支付了教育费用而已。顺便指出,A 项第5条所要求的"实行免费诉讼"也是如此。刑事诉讼到处都是免费的;而民事诉讼几乎只涉及财产纠纷,因而几乎只同有产阶级有关。难道他们应当用人民的金钱来打官司吗?

在关于学校的一段中,至少应当把技术学校(理论的和实践的)同国民学校联系起来提出。

"由国家实行国民教育"是完全要不得的。用一般的法律来确定国民学校的经费、教员资格、教学科目等等,并且像美国那样由国家视察员监督这些法律规定的实施,这同指定国家为人民的教育者完全是两回事!相反,应当把政府和教会对学校的任何影响都同样排除掉。在普鲁士德意志帝国(他们会说,他们谈的是"未来国家",但是这种空洞的遁词也无济于事;我们已经看到,这是怎样一回事了),倒是需要由人民对国家进行极严厉的教育。

但是整个纲领,尽管满是民主的喧嚣,却彻头彻尾地感染了拉萨尔宗派对国家的忠顺信仰,或者说感染了并不比前者好一些的对民主奇迹的信仰,或者说得更确切些,整个纲领是这两种对奇迹的信仰的妥协,这两种信仰都同样远离社会主义。

"科学自由"——普鲁士宪法中有一条就是这样写的。[32]为什么把它写在这里呢?

"信仰自由"!如果现在,在进行文化斗争[33]的时候,要想提醒自由主义者记住他们的旧口号,那么只有采用下面这样的形式才行:每一个人都应当有可能满足自己的宗教需要,就像满足自己的肉体需要一样①,不受警察干涉。但是,工人党本来应当乘此机会说出自己的看法:资产阶级的"信仰自由"不过是容忍各种各样的**宗教信仰自由**而已,工人党则力求把信仰从宗教的妖术中解放出来。但是他们不愿越过"资产阶级的"水平。

----

① 1891年发表时这里删去了"就像满足自己的肉体需要一样"这句话。编者注

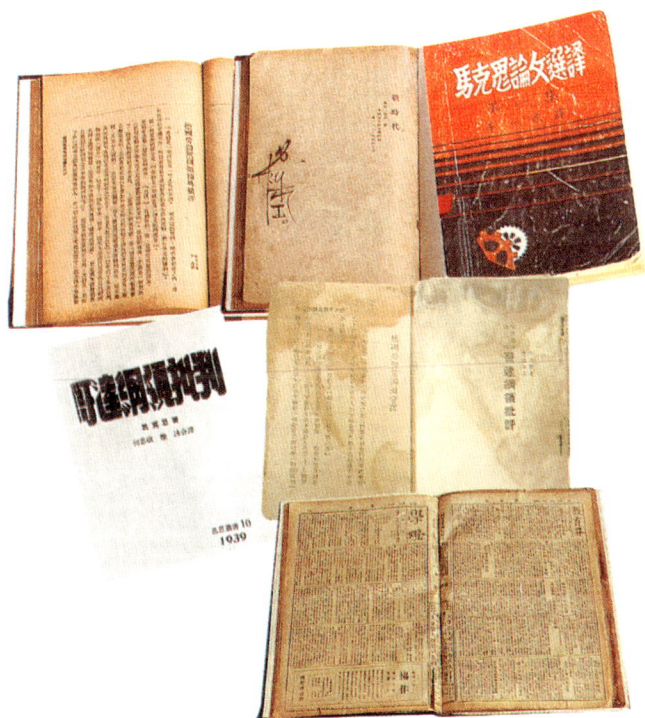

1923—1939 年间载有《哥达纲领批判》中译文的部分书刊

现在我就要讲完了,因为纲领中接下去的附带部分不是纲领的**重要**组成部分。所以我在这里只简单地谈一谈。

2."正常的工作日。"

其他任何国家的工人党都没有局限于这种含糊的要求,而总是明确地指出,在当前条件下多长的工作日是正常的。

3."限制妇女劳动和禁止儿童劳动。"

如果限制妇女劳动指的是工作日的长短和工间休息等等,那么工作日的正常化就应当已经包括了这个问题;否则,限制妇女劳动只能意味着在那些对妇女身体特别有害或者对女性来说违反道德的劳动部门中禁止妇女劳动。如果指的是这一点,那就应当说清楚。

"**禁止儿童劳动**"!这里绝对必须指出**年龄界限**。

普遍禁止儿童劳动是同大工业的存在不相容的,所以这是空洞的虔诚的愿望。

实行这一措施——如果可能的话——是反动的,因为在按照不同的年龄阶段严格调节劳动时间并采取其他保护儿童的预防措施的条件下,生产劳动和教育的早期结合是改造现代社会的最强有力的手段之一。

4."对工厂工业、作坊工业和家庭工业实行国家监督。"

在普鲁士德意志这样一个国家里,应当明确地要求:工厂视察员只有经过法庭才能撤换;每个工人都可以向法庭告发视察员的失职行为;视察员必须是医生。

5. "调整监狱劳动。"

在一个一般性的工人纲领里面,这是一种微不足道的要求。无论如何应当明白说出,工人们不愿意由于担心竞争而让一般犯人受到牲畜一样的待遇,特别是不愿意使他们失掉改过自新的唯一手段即生产劳动。这是应当期望于社会主义者的最低限度的东西。

6. "实行有效的责任法。"

应当说明,"有效的"责任法是什么意思。

顺便指出,在正常的工作日这一条中,忽略了工厂立法中关于卫生设施和安全措施等等那一部分。只有当这些规定遭到破坏时,责任法才发生效力。

总之,这一附带部分也是写得很草率的。①

我已经说了,我已经拯救了自己的灵魂。**34**

卡·马克思大约写于 1875 年 4
月底—5 月 7 日

载于 1890 — 1891 年《新时代》
杂志第 9 年卷第 1 册第 18 期

原文是德文

选自《马克思恩格斯选集》第
3 版第 3 卷第 357 — 378 页

---

① 1891 年发表时删去了这句话。——编者注

附　　录

恩格斯有关书信选编

致奥古斯特·倍倍尔

（1875 年 3 月 18 — 28 日）

亲爱的倍倍尔：

我已经接到您 2 月 23 日的来信，并且为您身体这样健康而高兴。

您问我，我们对合并这件事有什么看法？可惜我们的处境和您完全一样。无论是李卜克内西或其他什么人都没有给我们通报任何情况，因此，我们知道的也只是报纸上登载的东西，而且报纸上并没有登载什么，直到大约一星期前才登出了纲领草案。这个草案的确使我们吃惊不小。

我们党经常向拉萨尔派[7]伸出手来，建议和解或者至少是合作，但是每次都遭到哈森克莱维尔们、哈赛尔曼们和特耳克们的无礼拒绝，[35]因而就连每个小孩子都必然要由此得出这样一个结论：既然这些先生们现在自己跑来表示和解，那他们一定是陷入极端困难的境地了。但是，考虑到这些人的尽人皆知的本性，我们有责任利用这种困境取得一切可能的保证，使这些人无法靠损害我们党的利益在工人舆论中重新巩固他们已经动摇的地位。我们应当以极其冷淡的和不信任的态度对待他们，是否合并要看他们有多少诚意放弃他们的宗派口号和他们的"国家帮助",并基本上接受1869年的爱森纳赫纲领[5]或这个纲领的适合目前情况的修正版。我们的党在理论方面,即在对纲领有决定意义的方面,**绝对没有什么**要向拉萨尔派**学习**的,而拉萨尔派倒是应当向我们的党学习;合并的第一个条件是,他们不再做宗派主义者,不再做拉萨尔派,也就是说,他们首先要放弃国家帮助这个救世良方,即使不完全放弃,也要承认它同其他许多可能采取的措施一样是个次要的过渡措施。纲领草案证明,我们的人在理论方面比拉萨尔派的领袖高明一百倍,而在政治机警性方面却差一百倍;"诚实的人"[29]又一次受到了不诚实的人的极大的欺骗。

第一,接受了拉萨尔的响亮的但从历史的观点来看是错误的说法:对工人阶级说来,其他一切阶级只是反动的一帮。[15]这句话只有在个别例外场合才是正确的,例如,在像巴黎公社这样的无产阶级革命时期,或者是在这样的国家,那里不仅资产阶级按照自己的形象塑造了国家和社会,而且民主派小资产阶级也跟着资产阶级彻底完成了这种变形。拿德国来说,如果民主派小资产阶级属于这反动的一帮,那么,社会民主工党怎么能够多年同他们,同人民党[6]携手一道走呢?《人民国家报》[11]自己的几乎全部的政治内容怎么能够取自于小资产阶级民主派的《法兰克福报》[36]呢?怎么能够在这个纲领中列入不下七项在字句上同人民党和小资产阶级民主派的纲领完全一致的要求呢?我所指的是七项政治要求,即1—5和1—2,这七项要求中没有一项不是**资产阶级**民主主义的要求[37]。

第二,工人运动的国际性原则实际上在当前完全被抛弃,而且是被五年来在最困难的情况下 直 极其光荣地坚持这一原则的人们所抛弃。德国工人处于欧洲运动的先导地位，**主要**是由于他们在战争期间①采取了真正国际性的态度；任何其他国家的无产阶级都没有能做得这样好。现在，在国外，当各国政府极力镇压在某一个组织内实现这一原则的任何尝试，而各国工人到处都极力强调这个原则的时候，竟要德国工人抛弃这个原则！工人运动的国际主义究竟还剩下什么东西呢？只剩下渺茫的希望——甚至不是对欧洲工人在今后争取解放的斗争中进行合作的希望，不是的，而是对未来的"各民族的国际的兄弟联合"的希望，是对和平同盟**18**中的资产者的"欧洲合众国"的希望！

当然根本没有必要谈国际**21**本身。但是，至少不应当比1869年的纲领后退一步，而大体上应当这样说：**虽然**德国工人党**首先**是在它所处的国境之内进行活动（它没有权利代表欧洲无产阶级讲话，特别是讲错误的话），但是它意识到自己和各国工人的团结一致，并且始终准备着一如既往继续履行由这种团结一致所带来的义务。即使不直接宣布或者认为自己是"国际"的一部分，这种义务也是存在着的，例如，在罢工时进行援助并阻止本国工人移居国外，设法使德国工人通过党的机关刊物了解国外的运动的情况，进行宣传反对日益迫近的或正在爆发的王朝战争，在这种战争期间采取1870年至1871年所模范地实行过的策略等等。

第三，我们的人已经让别人把拉萨尔的"铁的工资规律"**23**强加在自己头上，这个规律的基础是一种陈腐不堪的经济学观点，即工人平均只能得到**最低**的工资，之所以如此，是因为按照马尔萨斯

---

① 指1870—1871年的普法战争。——编者注

的人口论[26]工人总是过多(这就是拉萨尔的论据)。但是,马克思在《资本论》里已经详细地证明,调节工资的各种规律非常复杂,根据不同的情况,时而这个规律占优势,时而那个规律占优势,所以它们绝对不是铁的,反而是很有弹性的,这件事根本不像拉萨尔所想象的那样用三言两语就能了结。拉萨尔从马尔萨斯和李嘉图(歪曲了后者)那里抄袭来的这一规律的马尔萨斯论据,例如拉萨尔在《工人读本》①第5页上引自他的另一本小册子②的这一论据,已被马克思在《资本的积累过程》③这一篇中驳斥得体无完肤了。接受拉萨尔的"铁的规律",也就是承认一个错误的论点和它的错误的论据。

第四,纲领把拉萨尔从毕舍那里剽窃来的国家帮助原封不动地提出来作为**唯一的社会的**要求。而在这之前,白拉克已经非常出色地指出这个要求毫无用处[38],并且我们党的即使不是全部,也是几乎全部的发言者在同拉萨尔分子的斗争中都已经被迫起来反对这种"国家帮助"!我们党不能比这更忍辱屈从了。国际主义竟降低到阿曼德·戈克[39]的水平,社会主义竟降低到资产阶级共和主义者毕舍的水平[27],而毕舍**针对社会主义者**提出这个要求,是为了排挤他们!

但是,拉萨尔所说的"国家帮助"至多也只是为达到下述目的而实行的许多措施中的**一个**,这个目的在纲领草案中是用软弱无力的词句表述的:"为了替社会问题的解决开辟道路。"好像我们

---

① 斐·拉萨尔《工人读本》1863年美因河畔法兰克福版。——编者注
② 斐·拉萨尔《就莱比锡全德工人代表大会的召开给中央委员会的公开答复》1863年苏黎世版。——编者注
③ 见《马克思恩格斯文集》第5卷第651—887页。——编者注

还有一个在理论上**没有解决**的社会**问题**似的！所以，如果这样说：德国工人党力求通过工业和农业中的以及全国范围内的合作生产来消灭雇佣劳动从而消灭阶级差别；它拥护每一项有助于达到这一目的的措施！——那是没有一个拉萨尔分子能提出什么反驳来的。

第五，根本就没有谈到通过工会使工人阶级作为阶级组织起来。而这是非常重要的一点，因为工会是无产阶级的真正的阶级组织，无产阶级靠这种组织和资本进行日常的斗争，使自己受到训练，这种组织即使今天遇到最残酷的反动势力（像目前在巴黎那样）也决不会被摧毁。既然这一组织在德国也获得了这种重要性，我们认为，在纲领里提到这种组织，并且尽可能在党的组织中给它一个位置，那是绝对必要的。

所有这一切都是我们的人为了讨好拉萨尔派而做的。而对方做了些什么让步呢？那就是在纲领中列入一堆相当混乱的**纯民主主义的要求**，其中有一些是纯粹的时髦货，例如"人民立法"，这种制度存在于瑞士，如果它还能带来点什么东西的话，那么带来的害处要比好处多。要是说人民**管理**，这还有点意义。同样没有提出一切自由的首要条件：一切官吏对自己的一切职务活动都应当在普通法庭面前遵照普通法向每一个公民负责。至于在任何自由主义的资产阶级纲领中都会列入而在这里看起来有些奇怪的要求，如科学自由、信仰自由，我就不想再说了。

自由的人民国家变成了自由国家。从字面上看，自由国家就是可以自由对待本国公民的国家，即具有专制政府的国家。应当抛弃这一切关于国家的废话，特别是出现了已经不是原来意义上的国家的巴黎公社以后。无政府主义者用"**人民国家**"这个名词把我们挖苦得很够了,虽然马克思驳斥蒲鲁东的著作①和后来的《共产主义宣言》②都已经直接指出,随着社会主义社会制度的建立,国家就会自行解体和消失。既然国家只是在斗争中、在革命中用来对敌人实行暴力镇压的一种暂时的设施,那么,说自由的人民国家,就纯粹是无稽之谈了:当无产阶级还**需要**国家的时候,它需要国家不是为了自由,而是为了镇压自己的敌人,一到有可能谈自由的时候,国家本身就不再存在了。因此,我们建议把"**国家**"一词全部改成"共同体"〔Gemeinwesen〕,这是一个很好的古德文词,相当于法文的"公社"。

用"消除一切社会的和政治的不平等"来代替"消灭一切阶级差别",这也很成问题。在国和国、省和省、甚至地方和地方之间总会有生活条件方面的**某种**不平等存在,这种不平等可以减少到最低限度,但是永远不可能完全消除。阿尔卑斯山的居民和平原上的居民的生活条件总是不同的。把社会主义社会看做**平等**的王国,这是以"自由、平等、博爱"这一旧口号为根据的片面的法国人的看法,这种看法作为当时当地一定的**发展阶段**的东西曾经是正确的,但是,像以前的各个社会主义学派的一切片面性一样,它现在也应当被克服,因为它只能引起思想混乱,而且因为这一问题已经有了更精确的叙述方法。

我不再写下去了,虽然在这个连文字也写得干瘪无力的纲领中差不多每一个字都应当加以批判。它是这样一种纲领,一旦它被通过,马克思和我**永远不会**承认建立在这种基础上的**新党**,而且

---

① 指马克思《哲学的贫困》,见《马克思恩格斯选集》第 3 版第 1 卷。——编者注
② 即《共产党宣言》。——编者注

我们一定会非常严肃地考虑,我们将对它采取(而且还要公开采取)什么态度。请您想想,在国外人们是要**我们**为德国社会民主工党的一切言行负责的。例如,巴枯宁在他的著作《国家制度和无政府状态》①中要我们替《民主周报》**40**创办以来李卜克内西所说的和所写的一切不加思考的话负责。人们就是以为,我们在这里指挥着一切,可是您和我都知道得很清楚,我们几乎从来没有对党的内部事务进行过任何干涉,如果说干涉过的话,那也只不过是为了尽可能改正在我们看来是错误的地方,而且**仅仅是理论上的**。但是您自己会理解,这个纲领将成为一个转折点,它会很容易地迫使我们拒绝同承认这个纲领的政党一道承担任何责任。

一般说来,一个政党的正式纲领没有它的实际行动那样重要。但是,一个**新的**纲领毕竟总是一面公开树立起来的旗帜,而外界就根据它来判断这个党。因此,新的纲领无论如何不应当像这个草案那样比爱森纳赫纲领倒退一步。我们总还得想一想,其他国家的工人对这个纲领将会说些什么;整个德国社会主义无产阶级向拉萨尔主义的这种投降将会造成什么印象。

同时我深信,在**这种**基础上的合并连一年也保持不了。难道我们党的优秀分子会愿意不断地重复拉萨尔关于铁的工资规律和国家帮助那一套背熟了的词句吗?我想看看比如您在这种情况下的态度!而如果他们这样做,他们的听众就会向他们喝倒彩。而且我相信,拉萨尔派会死抱住纲领的**这些**条文不放,就像犹太人夏洛克非要他那一磅肉不可②。分裂是一定会发生的;但是到那时

① 米·巴枯宁《国家制度和无政府状态》1873 年苏黎世俄文版。——编者注

② 莎士比亚《威尼斯商人》第 1 幕第 3 场。——编者注

我们想必已经使哈赛尔曼、哈森克莱维尔和特耳克及其同伙重新获得"诚实的"名声;分裂以后,我们将被削弱,而拉萨尔派将会增强;我们的党将丧失它的政治纯洁性,并且再也不可能有力地反对它自己一度写在自己旗帜上的拉萨尔词句;如果拉萨尔派以后又说:他们是真正的和唯一的工人党,我们的人是资产者,那么,他们是可以拿这个纲领来证明的。纲领中的一切社会主义措施都是**他们的**,我们的党除了小资产阶级民主派的一些要求以外就什么东西也没有添进去,而小资产阶级民主派**又被这个党**在同一个纲领中说成"反动的一帮"的一部分!

我把这封信搁下来,是因为您在4月1日庆祝俾斯麦生辰那一天才会被释放[41],而我是不愿意让这封信去冒暗中传送时被搜去的危险的。刚刚接到了白拉克的信,他对这个纲领也有很大的疑虑,他想知道我们的意见。因此,我把这封信寄给他,由他转寄,这样他也可以看一下此信,而我就用不着把这件麻烦事全部重写一遍。此外,我也把真相告诉了朗姆,我给李卜克内西只是简单地写了几句。我不能原谅他,因为关于全部事件直到可以说太迟的时候他还连**一个字**也没有告诉我们(而朗姆和其他人以为他已经详细地通知我们了)。虽说他从来就是这样做的——因此,我们,马克思和我,同他进行了多次不愉快的通信——,而这一次做得实在太不像话了,**我们坚决不和他一起走**。

希望您设法夏天到这里来,当然您将住在我这里,如果天气好,我们可以去洗几天海水浴,这对于过了很久牢狱生活的您一定颇有裨益。

致友好的问候。

您的 弗·恩·

马克思刚刚搬了家。他的住址是:伦敦西北区梅特兰公园月牙街41号。

致威廉·白拉克

（1875 年 10 月 11 日）

亲爱的白拉克:

您最近几封来信(最后一封是 6 月 28 日)我拖到现在才回复,第一因为马克思和我有六个星期不在一起,他在卡尔斯巴德,我在海边,我在那里看不到《人民国家报》[11];第二因为我想稍微等一下,看看新的合并和联合委员会[42]的实际情况如何。

我们完全同意您的看法,李卜克内西热衷于实行合并,为了合并不惜**任何**代价,结果把事情全搞糟了。本来可以认为这是必要的,但是不必向对方说出来或表示出来。而说出来以后,就不得不总是拿一个错误为另一个错误辩护。既然合并代表大会已经在腐朽的基础上召开了并且也四处宣扬了,他们就无论如何不愿意让它失败,从而不得不在本质问题上再次作出让步。您说得完全对:这种合并本身包含着分裂的萌芽。如果以后分离出去的**只是**不可救药的狂热分子,而不包括其他的所有追随者,我将感到高兴,因为这些追随者本来很干练,经过良好的教育是可以成为有用的人的。这要取决于这件不可避免的事情发生的时间和条件。

经过最后审订的纲领①包括三个组成部分:

---

① 指《德国社会主义工人党纲领》,见本书第 72—74 页。——编者注

1. 拉萨尔的词句和口号，这些在任何条件下都不应接受。如果两个派别合并，那么写入纲领的应该是双方一致同意的东西，而不是有争论的东西。然而我们的人竟容许了这些，心甘情愿地通过了卡夫丁轭形门**43**；

2. 一系列庸俗民主主义的要求，这些要求是按照人民党**6**的精神和风格拟出的；

3. 一些所谓共产主义的原理，它们多半从《宣言》①中抄来，但作了修改，仔细一看，全都是些令人发指的谬论。如果不懂得这些东西，那就不要动它们，或者把它们从那些被公认为懂得这些东西的人那里一字不差地抄下来。

幸而这个纲领的遭遇比它应该有的遭遇要好些。工人、资产者和小资产者在其中领会出它本来应该有但现在却没有的东西，任何一方面的任何一个人都没有想到去公开分析这些奇妙的词句中任何一句的真实内容。这就使我们可以对这个纲领保持沉默。同时，这些词句不能译成任何一种外文，除非**硬**写成明显的胡言乱语，或者是给它们掺进共产主义的含义，而朋友和敌人都是采取后一种做法的。我自己在为我们的西班牙朋友翻译这个纲领时就不得不这样做。

就我所看到的委员会的活动来说，不是令人欣慰的。第一，针对您的著作和伯·贝克尔的著作所采取的行动；如果说它没有得逞，这与委员会无关。**44**第二，宗内曼（马克思在旅途中曾遇到他）说，他曾建议瓦尔泰希为《法兰克福报》**36**写通讯，但是委员会**禁止**瓦尔泰希接受这个建议！这比书报检查制度还要厉害，我不明

---

① 即《共产党宣言》。——编者注

白瓦尔泰希怎么能容忍这种禁令。真蠢！他们倒是应该设法使《法兰克福报》在德国各地都有我们的人为它服务！最后，拉萨尔派的成员在建立柏林联合印刷所方面的行动，在我看来也不是很有诚意的：我们的人在莱比锡印刷所轻信地赋予该委员会以监督委员会的职能以后，他们在柏林才**被迫**这样做。**45**不过，我对这方面的详情不十分了解。

委员会的活动很少，而且正像卡·希尔施（他前几天在这里）所说的，它只是作为通讯和问讯机关混日子，这倒也好。委员会任何积极的干预只会加速危机的到来，看来人们也感到了这一点。

同意在委员会中有三个拉萨尔分子和两个我们的人，这是何等的软弱！

总之，我们算是走过来了，尽管损失是严重的。我们希望，就这样维持下去，同时在拉萨尔派中间的宣传能起到作用。如果能维持到下届帝国国会选举**46**，情况就会好转。不过，到时施梯伯和泰森多夫将全力以赴地进行活动，那时候就会看清哈赛尔曼和哈森克莱维尔是些**什么东西**。

马克思从卡尔斯巴德回来了，完全成了另外一个人，强壮有力、容光焕发、精神饱满、身体健康，很快就能够重新全力投入工作。他和我衷心问候您。方便时，请告诉我们这件事后来的发展情况。莱比锡人①全都同这件事有很深的关系，所以不向我们说明真相，而党的**内部**事情正是现在更加不公开了。

忠实于您的　弗·恩·

---

① 　指李卜克内西和倍倍尔。——编者注

致奥古斯特·倍倍尔[47]

（1875 年 10 月 12 日）

亲爱的倍倍尔：

您的来信完全证实了我们的看法：这种合并从我们这方面来说是太轻率了，而且它本身就包含着将来分裂的萌芽。如果这种分裂能推迟到下届帝国国会选举[46]以后，那就很好了……

现在的这个纲领①包括三个部分：

（1）拉萨尔的词句和口号，接受这些东西是我们党的一种耻辱。如果两派想就共同的纲领达成一致，那就应当把双方一致同意的东西写入纲领，而不涉及双方不一致的地方。诚然，拉萨尔的国家帮助也曾列入爱森纳赫纲领[48]，但是，在那里它不过是许多**过渡措施**中的**一个**，而且就我所听到的一切来看，可以相当肯定地说，**要不是**合并，它就会在今年的代表大会上根据白拉克的提案[38]被删掉了。现在它却被看做医治一切社会病症的万无一失的和唯一的良药。让别人把"铁的工资规律"[23]和拉萨尔的其他词句强加在自己头上，这是我们党在道义上的一次巨大失败。我们的党改信拉萨尔的信条了。这是怎么也否认不了的。纲领的这一部分是卡夫丁轭形门[43]，我们党就从这下面爬向神圣拉萨尔的赫赫声名；

（2）民主要求，这些要求完全是按照人民党[6]的精神和风格拟

---

① 指《德国社会主义工人党纲领》，见本书第72—74页。——编者注

出的；

（3）向"**现代**国家"提出的要求（不知道其余的"要求"究竟应当向谁提），这些要求是非常混乱和不合逻辑的；

（4）一般性的论点，多半是从《共产主义宣言》①和国际的章程②中抄来的，但是修改得不是把内容**全部弄错**，就是变成了**纯粹的谬论**，正如马克思在您熟知的那篇文章③中所详细指出的那样。

整个纲领都是杂乱无章、混乱不堪、毫无联系、不合逻辑和丢人现眼的。要是资产阶级新闻出版界有一个有批判头脑的人，他就会把这个纲领逐句加以研究，弄清每句话的真实含义，极其明确地指出荒诞无稽的地方，揭露出矛盾和经济学上的错误（例如，其中说劳动资料今天为"资本家阶级所垄断"，似乎地主已经不存在了；不说工人阶级的解放，而胡说"**劳动**的解放"，其实劳动本身在今天恰恰是**过分自由了！**），从而把我们的整个党弄得非常可笑。资产阶级新闻出版界的蠢驴们没有这样做，反而以非常严肃的态度来对待这个纲领，领会出其中所没有的东西，并作了共产主义的解释。工人们似乎也是这样做的。**仅仅是由于这种情况**，马克思和我才没有公开声明这个纲领同我们毫无关系。当我们的敌人和工人都把我们的见解掺到这个纲领中去的时候，我们可以对这个纲领保持沉默。

如果您对人事问题上的结果感到满意，那就是说，我们这方面的要求一定已降得相当低了。两个是我们的人，三个是拉萨尔分

---

① 即《共产党宣言》。——编者注
② 马克思《协会临时章程》，见《马克思恩格斯全集》中文第 2 版第 21 卷。——编者注
③ 指《德国工人党纲领批注》。——编者注

子！**42**因此，在这里，我们的人也不是享有平等权利的同盟者，而是战败者，并且从一开始就决定了要处于少数地位。委员会的活动，就我们所知道的来说，也不是令人欣慰的：（1）通过决议，**不**把白拉克的和伯·贝克尔的关于拉萨尔主义的两本著作收进党的文献目录；至于这个决议又被撤销了，这与委员会无关，也与李卜克内西无关；**44**（2）禁止瓦尔泰希接受宗内曼向他提出的担任《法兰克福报》**36**通讯员的建议。这是宗内曼亲自告诉路过那里的马克思的①。使我感到惊奇的，与其说是委员会的妄自尊大和瓦尔泰希对委员会不是嗤之以鼻而是唯命是从，不如说是这项决议的极端愚蠢。委员会倒是应该设法使得像《法兰克福报》那样的报纸在各地都**只**由我们的人为它服务。

……这整个事件是一次富有教育意义的试验，它即使在这种情况下也还有希望取得极其有利的结果，在这一点上，您是完全正确的。这样的合并只要能维持两年，就是一个很大的成功。但是，它无疑是可以用小得多的代价取得的。

致卡尔·考茨基

（1891 年 1 月 7 日）

亲爱的考茨基：

昨天我给你**挂号**寄去了马克思的手稿②，这份手稿想必会使

---

① 参看马克思 1875 年 8 月 21 日给恩格斯的信（《马克思恩格斯全集》中文第 1 版第 34 卷）。——编者注

② 指《德国工人党纲领批注》。——编者注

你感到高兴。我怀疑这份手稿在神圣的德意志帝国能否**照原样**发表。请你从这个角度看一遍,把使你担心而又可以删略的地方删掉,用省略号代替。至于从上下文来看不能删略的地方,请你在长条校样上标出,尽可能用几句话把你担心的**理由**告诉我,我再酌情处理。改动的地方我要加上括号,并在我的序言中说明:这是**改动过的**地方。因此,请把长条校样寄来!

但是,发表这份手稿,除了警察当局,可能还有其他人不高兴。如果你认为不得不考虑这一情况,那就请你把手稿**挂号**转寄给阿德勒。在维也纳那里,大概可以全文刊印(可惜,关于宗教需要的精彩地方除外),**而且无论如何会刊印出来**。不过,我想,在这里把我的这个**十分坚定的**意图告诉你,就会使你完全避免任何可能的非难。既然你们反正不能阻止手稿的发表,那么,在德国本国,在专门为了刊登这类东西而创办的党的机关刊物《新时代》[49]上发表,岂不好得多。

为了给你准备好这份手稿,我中断了关于布伦坦诺的写作[50];因为我在这篇著作中需要利用手稿中关于铁的工资规律[23]的评述,而且无须费很大气力就可以同时把全部手稿整理付印。我原想在本周内搞完布伦坦诺,但是又来了这么多事,又要处理这么多信,恐怕搞不完了。

如果有什么困难,请通知我。……

致卡尔·考茨基

（1891 年 1 月 15 日）

亲爱的男爵：

你从随信寄去的校样①中可以看出，我不是不近人情的，甚至还在序言中加了几滴使人镇静的吗啡和溴化钾，希望这会对我们的朋友狄茨的忧伤心情起到充分的缓解作用。今天我就给倍倍尔写信[51]。以前我没有同他谈过这件事，因为我不愿意使他在李卜克内西面前感到为难。否则，倍倍尔就**有责任**把这件事告诉李卜克内西，而李卜克内西——从他在哈雷所作的关于党纲的讲话[52]来看，他从手稿中作了一些摘录——会采取一切办法阻挠手稿发表。

如果"**像满足自己的肉体**〈需要〉**一样**满足自己的宗教〈需要〉"这句话②在文中不能完整保留，那就把加了着重号的字删掉，用省略号代替。这样，暗示就会更加微妙，而且仍然十分清楚。但愿这样一来，就不会引起疑虑了。

其他地方，我都按你和狄茨的要求做了，而且你看，甚至比你们要求的还**多**。……

---

① 指《德国工人党纲领批注》。——编者注
② 见本书第 30 页，恩格斯在引用时文字上略有出入。——编者注

致卡尔·考茨基

（1891 年 2 月 3 日）

亲爱的考茨基：

　　你以为，马克思的文章发表以后，给我们的信件会接连不断地飞来。恰恰相反，我们什么也没有听到，什么也没有看到。

　　星期六，我们没有收到《新时代》[49]，我立刻就想到是否又出了什么事情。星期日，爱德①来到这里，并把你的信给我看了。我当时以为，压制的手法还是得逞了。星期一，这一期《新时代》终于收到了，不久以后，我发现《前进报》[53]也转载了这篇文章。[54]

　　既然反社会党人法[55]式的强制措施没有奏效[56]，这一大胆的步骤就成为这些人所能采取的上策。而且，这一步骤还有一个好处：它在很大程度上填平了奥古斯特②由于最初的惊恐所谈到的那个难以逾越的鸿沟。不管怎样，产生这种惊恐，主要是因为担心文章发表后敌人会借机搞什么名堂。此文在正式机关报上转载，会削弱我们敌人的进攻锋芒，也使我们能够这样讲：请看，我们是怎样自己批评自己的，我们是唯一能够这样做的政党；你们也这样试试看吧！这也正是这些人一开始就应该采取的正确立场。

　　因此，人们也很难对你进行惩罚。我请你在必要时把手稿寄给阿德勒，一方面是要对狄茨施加压力，另一方面也是要为你解脱

---

① 爱·伯恩施坦。——编者注
② 奥·倍倍尔。——编者注

责任,因为我在一定程度上使你没有选择的余地。我也给奥古斯特写了信[57],说明全部责任由我一人承担。

如果还有什么人负有责任的话,那就是狄茨。他知道,在这类事情上,我对他总是好商量的。我不仅满足了他的全部要求,把他提出的地方都改得缓和了,甚至还把另外一些地方也改得缓和了。如果他标出更多的地方,也会给予考虑。但是,狄茨没有提出异议的地方,为什么我不保留下来呢?

其实,在最初的惊恐之后,除了李卜克内西,大多数人都会感谢我发表这篇东西。它使未来的纲领免除任何不彻底性和空洞的言词,并且提出了他们①中间大多数人未必敢于主动提出的无可争辩的论据。人们不会责备他们在反社会党人法实施期间没有修改这个不好的纲领,因为他们当时不能这样做。而现在,他们自己放弃了这个纲领。至于15年前实行合并[1]时,他们表现得很愚蠢,受了哈赛尔曼等人的蒙骗,这一点,老实说,他们现在满可以坦率地承认。总之,纲领的三个组成部分:(1)地道的拉萨尔主义,(2)人民党[6]的庸俗民主主义,(3)谬论,并没有因为它们作为党的正式纲领保留了15年之久而变得好些。如果今天还不能公开指出这一点,那要等到什么时候呢?

要是听到什么新消息,请告诉我们。多多问候。

你的 弗·恩·

---

① 指爱森纳赫派。——编者注

致弗里德里希·阿道夫·左尔格

（1891 年 2 月 11 日）

亲爱的左尔格：

……在《新时代》[49]上发表的马克思的文章①，你已经读过了。这篇文章起初使德国社会党的当权者们大为恼火，不过现在看来已稍微平息了。相反地，在党内——老拉萨尔分子除外——这篇文章却很受欢迎。维也纳《工人报》[58]（你将在**下一次**邮班收到）驻柏林记者简直要感谢我为党做了这件事[59]（据我猜测，是阿道夫·布劳恩，他是维克多·阿德勒的内弟，李卜克内西在《前进报》的助理编辑）。李卜克内西当然要大发雷霆，因为整个批判就是针对他的，而且正是他伙同好男色的哈赛尔曼一起炮制了这个腐朽的纲领。我很理解人们最初的惊恐，这些人以前总是要求"同志们"只能最温和地对待他们，而现在他们竟受到这样无礼的对待，连他们的纲领也被斥为十足的谬论。在整个事件中表现得很勇敢的卡尔·考茨基在给我的信中说：党团打算发表一项声明[60]，说明发表马克思这篇文章事先没有通知他们，他们不赞成发表。他们愿意这样做，就这样做吧。但是，如果党内赞成这篇文章的呼声日益增高，如果他们认识到，"这会给敌人提供反对我们自身的武器"的叫嚷是没有多大价值的，那么这件事大概也就搞不成了。

---

① 指《德国工人党纲领批注》。——编者注

在此期间，我受到了这些先生们的抵制，这倒也好，因为可以使我少浪费一些时间。反正这种状况不会持续很久了。……

致卡尔·考茨基

（1891 年 2 月 11 日）

亲爱的考茨基：

十分感谢你的两封来信。倍倍尔和席佩耳的信现附回。

柏林人对我的抵制还没有停止[61]，我一封信也没有收到，他们显然还没有作出决定。然而，《汉堡回声报》发表了一篇社论。[62]如果考虑到这些人还受到拉萨尔主义的强烈影响，甚至还坚信既得权利体系[63]，那么，这篇社论写得还是很不错的。我从这篇文章和《法兰克福报》[36]还得出这样一个结论：敌对报刊的攻击即使还没有精疲力竭，也已经达到了顶点。只要顶住这种冲击——据我看，直到现在这种冲击是很软弱的——，人们就能从最初的惊恐中镇静下来。但是，阿德勒的驻柏林记者（阿·布劳恩？）却因为我发表这份手稿简直要向我表示感谢。[59]再有两三起这样的反应，反抗就会减弱。

1875 年 5—6 月，有人对倍倍尔有意地隐瞒并扣压了这份文件，这在倍倍尔告诉我他的出狱日期是 4 月 1 日时，我马上就清楚了。我还写信对他说，如果没有发生"什么不好的情况"，他**应该**看到这份文件。对这个问题，如有必要，我将在适当时候要求对我作出答复。这个文件长期在李卜克内西手里，白拉克费了好大劲才从他那里要了回来。李卜克内西想把这个文件一直保留在自己手里,以便在最后修改纲领时加以利用。至于如何利用,现在已经很清楚了。

请把拉法格的文章**64**的手稿按挂号印刷品寄给我,我来处理这件事。另外,他的关于帕德莱夫斯基的文章写得很好**65**,对于纠正《**前进报**》**53**对法国政治的歪曲报道很有用处。总之,威廉①在这方面很不走运。他到处吹捧法兰西共和国,而他自己请的特约记者盖得却到处贬低法兰西共和国。**66**

据席佩耳说,党团准备发表一项声明**60**,对此我毫不在乎。如果他们愿意,我准备向他们申明:我没有向他们请示的习惯。至于发表这份手稿他们高兴与否,这跟我毫不相干。我乐意为他们保留就这个或那个问题表示异议的权利。如果情况没有发展到我非对声明表态不可,我是根本不想去答复的。我们就等着看吧。

我也不准备为此给倍倍尔写信,因为第一,他本人应该先告诉我,他对这个问题的最后意见是怎样的;第二,党团的每一项决议都是全体成员签名的,不管表决时是否每个成员都表示赞成。不过,如果倍倍尔以为我会让自己卷入一场不愉快的论战,那他就错了——除非他们首先说了一些我不能置之不理的谎言等等。相反地,我确实是满心希望和解,根本没有任何理由发火,我渴望架设任何一种桥梁——浮桥、机架桥、铁桥或石桥,甚至是金桥,以便跨越倍倍尔从远处隐约看到的可能存在的深渊或鸿沟。

真奇怪!现在席佩耳说许多老拉萨尔分子以自己的拉萨尔主

---

① 威·李卜克内西。——编者注

义感到自豪,而他们在这里时[67]却异口同声地断言:在德国再没有拉萨尔分子了！这种说法正是使我打消某些疑虑的一个主要原因。而现在倍倍尔也认为,许多好同志受到很大伤害。既然这样,他们当时就应该把情况如实地[告诉]①我。

而且,如果在 15 年后的今天,还不能直截了当地谈论拉萨尔在理论上的胡诌和妄测,那要等到什么时候呢？

然而,当时由于反社会党人法[55]的存在,党本身及其执行委员会、党团等等,除了因为通过这样一个纲领而受到谴责(而这是无法逃避的),没有受到任何其他谴责。在这项法令实施期间,根本谈不上修改纲领的问题。而法令一废除,修改纲领的问题就提到日程上来了。那么,他们还要怎样呢？

另外,还必须使人们不再总是客客气气地对待党内的官吏——自己的仆人,不再像对待绝对正确的官僚那样对他们百依百顺,而不进行批评。

你的　弗·恩·

致卡尔·考茨基[68]

（1891 年 2 月 23 日）

亲爱的考茨基:

我前天仓促发出的贺信,你大概已经收到了。现在还是言归

---

① 手稿此处缺损。——编者注

正传,谈谈马克思的信①吧。

　　担心这封信会给敌人提供武器,是没有根据的。恶意的诽谤当然是借任何事由都可以进行的。但是总的说来,这种无情的自我批评引起了敌人极大的惊愕,并使他们产生这样一种感觉:一个能够这样做的党该具有多么大的内在力量啊! 这一点,从你寄给我的(多谢!)和我从别处得到的敌人的报纸上可以看得很清楚。坦白地说,这也是我发表这个文件的用意。我知道,这个文件最初一定会使某些人感到很不愉快,但这是不可避免的,在我看来,文件的具体内容绰绰有余地补偿了这一点。同时我知道,党很坚强,能够经受得住这件事,而且我估计,党在目前也会**经受得住**这种在15 年前使用的直率的语言,人们会怀着应有的自豪心情提到这次力量的检验,并且说:哪里还有另外一个政党敢于这样做呢? 其实,这一点已经由萨克森的《工人报》、维也纳的《工人报》以及《苏黎世邮报》说了。[69]

　　你在《新时代》[49]第 21 期上承担起发表的责任[70],你这样做是很值得称赞的,但是不要忘记,第一个推动力毕竟是我给的,而且在某种程度上是我使你没有选择的余地。所以我要承担主要的责任。至于细节,在这方面总是会有不同意见的。你和狄茨提出异议的每一个地方,我都已经删去和修改了,即使狄茨标出更多的地方,我也会尽可能地考虑,我总是向你们证明我是好商量的。至于说到主要问题,那么**我的责任**就是:纲领一提出讨论,就发表这份手稿。况且,李卜克内西在哈雷作了报告[52],在这个报告中他一方面把抄自马克思手稿的东西放肆地当做自己的加以利用,一方面

---

① 指马克思《德国工人党纲领批注》。——编者注

不指名地对这份手稿进行攻击。马克思如果还在世,一定会拿自己的原稿来同这种篡改进行对证,而我是有义务替他做这件事的。可惜,那时我手头还没有这个文件;我只是在找了很久以后才找到的。

你说,倍倍尔写信告诉你,马克思对拉萨尔的态度激起了老拉萨尔分子的恼怒。这是可能的。这些人并不知道事实经过,看来在这方面也没有对他们作过什么解释。拉萨尔的整个伟大名声是由于马克思容忍他多年来把马克思的研究成果当做自己的东西来装饰门面,而且因为缺乏经济学素养还歪曲了这些成果,如果这些人不了解这一点,那并不是我的过错。但是,我是马克思的著作方面的遗嘱执行人,所以我也是有义务的。

拉萨尔属于历史已有 26 年了。如果他在非常法[55]时期没有受到历史的批判,那么现在终于到了必须进行这种批判并弄清拉萨尔对马克思的态度的时候了。掩饰拉萨尔的真实面目并把他捧上天的那种神话,决不能成为党的信条。无论把拉萨尔对运动的功绩评价得多么高,他在运动中的历史作用仍然具有两重性。同社会主义者拉萨尔形影不离的是蛊惑家拉萨尔。透过鼓动者和组织者拉萨尔,到处显露出一个办理过哈茨费尔特诉讼案[71]的律师面孔:在手法的选择上还是那样无耻,还是那样喜欢把一些声名狼藉和卖身求荣的人拉在自己周围,并把他们当做单纯的工具加以使用,然后一脚踢开。1862 年以前,他实际上还是一个具有强烈的波拿巴主义倾向的、典型普鲁士式的庸俗民主主义者(我刚才看了他写给马克思的那些信),由于纯粹个人的原因,他突然来了个转变,开始了他的鼓动工作。过了不到两年,他就开始要求工人站到王权方面来反对资产阶级,并且同品质和他相近的俾斯麦勾结在一起,**14**如果他不是侥幸恰好在那时被打死,那就一定会在实际上背叛运动。在拉萨尔的鼓动著作中,从马克思那里抄来的正确的东西同他自己的通常是错误的论述混在一起,二者几乎不可能区分开来。由于马克思的批判而感到自己受了伤害的那一部分工人,只了解拉萨尔两年的鼓动工作,而且还是戴着玫瑰色眼镜来看他的鼓动工作的。但是在这种偏见面前,历史的批判是不能永远保持毕恭毕敬的姿态的。我的责任就是最终揭示马克思和拉萨尔之间的关系。这已经做了,我暂时可以因此而感到满足。况且我自己现在还有别的事情要做。而已经发表的马克思对拉萨尔的无情批判,本身就会产生应有的影响并给别人以勇气。但是,假如情况迫使我非讲话不可,我就没有选择的余地:我只有一劳永逸地肃清有关拉萨尔的神话了。

在国会党团里有人叫嚷要对《新时代》进行检查,这确实太妙了。这是反社会党人法时期国会党团独裁(这种独裁当时是必要的而且实行得很好)的幽灵再现呢,还是对冯·施韦泽过去的严密组织的留恋? 在德国社会主义科学摆脱了俾斯麦的反社会党人法以后,又要把它置于一个由社会民主党的机关自己炮制和实施的新的反社会党人法之下,这实在是个绝妙的想法。但是,大自然不会让树木长得戳破了天。①

《前进报》**53**上的文章**72**对我没有什么触动。我将等待李卜克内西说明事情的经过,然后再用尽可能友好的语调对二者一并答复。对《前进报》上的文章,只要纠正几个错误的说法(例如,说我们本来不愿意合并,事实证明了马克思不正确等等),并肯定那些

---

① 德语成语,意思是万物都有限度。——编者注

不言而喻的东西就行了。如果不再发生新的攻击或出现错误的论断迫使我进一步采取行动,我想,从我这方面来说就以这个答复来结束这场争论。

请告诉狄茨,我正在整理《起源》①。可是今天费舍来信,又要我写三篇新的序言[73]!

你的 弗·恩·

致弗里德里希·阿道夫·左尔格

(1891年3月4日)

亲爱的左尔格:

你2月19日的来信收到了。在这期间,关于社会民主党国会党团对于在《新时代》[49]上发表马克思关于纲领的信深为不满一事,你大概已经听到很多了。这件事尚未平息。我暂且让这些人出出丑,而在这方面,李卜克内西在《前进报》上的表现令人担忧[72]。到时候,我当然要作出答复,但不会进行不必要的争吵,不过没有一点儿讽刺也未必能行。自然,所有在理论方面值得重视的人都站在我这一边——只有倍倍尔我不得不排除在外,他确实不是完全没有根据地感觉受到我的伤害,但这是不可避免的。我由于工作太忙已经有一个月没有看《人民报》[74]了,所以不知道这件事在美国有没有什么激烈的反应。在欧洲,拉萨尔派的残余大

---

① 指恩格斯《家庭、私有制和国家的起源》,见《马克思恩格斯选集》第3版第4卷。——编者注

发雷霆,这样的人在你们那里也够多的。

你的　弗·恩·

致奥古斯特·倍倍尔

（1891 年 5 月 1—2 日）

亲爱的倍倍尔:

我今天答复你 3 月 30 日和 4 月 25 日的两封来信[75]。欣悉你们美满地度过了银婚,并产生了对未来欢庆金婚的憧憬。衷心预祝你们俩如愿以偿。在我——用德绍老人①的话来讲——被魔鬼抓走之后,我们还长久地需要你。

我不得不再一次——但愿是最后一次——谈谈马克思的纲领批判。"对发表纲领批判这件事本身,**谁也**不会反对",这种说法我不同意。李卜克内西**永远**也不会甘心情愿地同意发表,而且还要千方百计地加以阻挠。1875 年以来,这个批判对他一直是如鲠在喉,只要一提到《纲领》,他就想起这个批判。他在哈雷的讲话[52]通篇都是围绕着这个批判的。他在《前进报》上发表的那篇装腔作势的文章[72],只不过表明这个批判使他感到良心不安。的确,这个批判首先是针对他的。从这个合并纲领②的**腐朽的**方面来看,我们过去认为他是该纲领的炮制者,而且我至今还这样认为。正是这一点使我毅然采取单独行动。如果我能只同你一个人

---

① 莱奥波德,安哈尔特-德绍王。——编者注
② 指《德国工人党纲领》,见本书第 69—71 页。——编者注

讨论一下这个文件,然后立即把它寄给卡·考茨基发表,我们两小时就能谈妥。但我认为,在这种情况下,从个人关系和党的关系来考虑,你还必须征求李卜克内西的意见。而这会引起什么后果,我是清楚的。或者是文件不能发表,或者,如果我坚持要发表的话,那就要发生公开争吵,至少是在一个时期内,而且和你也要争吵。我并没有说错,下述一点可以证明:你是[1875年]4月1日出狱的,而文件上所注的日期是5月5日,所以,如果没有其他的解释,那显然是**有意**向你**隐瞒**了这个文件,而这**只能是李卜克内西**干的。但是,你为了和睦相处竟容忍他到处撒谎,说你因为坐牢而没有看到这个文件。①同样,为了避免在执行委员会发生争执,这个文件发表以前,看来你也得考虑李卜克内西的意见。我认为这也是可以理解的,但是,希望你也能理解,我得考虑到事情可能发生的变化。

我刚才又把这篇东西看了一遍。再删去一些可能也无碍大体。但可删的肯定**不多**。当时的情况怎样呢?草案一经你们的全权代表通过,**事情就已成定局**,对这一点,我们了解得并不比你们差,也不比例如我查到的1875年3月9日《法兰克福报》所了解的差。因此,马克思写这个批判只是为了使自己心安,丝毫不指望有什么效果,正如结尾的一句话所说的:我已经说了,我已经拯救了自己的灵魂。②所以,李卜克内西大肆宣扬的"绝对不行"**76**只不过是夸口而已,这一点他本人也很清楚。既然你们在推选你们的代表时犯了个大错误,继而为了不损害整个合并事业又不得不吞

① 这种说法见1891年2月26日《前进报》第48号的一篇通讯。——编者注
② 参看本书第32页。——编者注

下这个纲领,那么你们确实也不能反对在 **15 年后**的今天把你们在最后决定以前得到的警告公布于众。这样做,既不会使你们成为蠢人,也不会使你们成为骗子,除非你们奢望你们的正式言行绝对不犯错误。

诚然,你没有看过这个警告。而且报刊也谈到过这一点,因此,比起看过这个警告而仍然同意接受该草案的那些人,你的处境就非常有利。

我认为附信①十分重要,信中阐述了唯一正确的政策。在一定的试行期间采取共同行动,这是唯一能使你们避免拿原则做交易的办法。但是李卜克内西无论如何不想放弃促成合并的荣誉,令人诧异的只是,他那时候没有作出更大的让步。他早就从资产阶级民主派那里接受了地地道道的合并狂热,并且一直抱住不放。

拉萨尔派之所以靠拢我们,是因为他们**不得不**这样做,是因为他们那一派已全部瓦解,是因为他们的首领都是些无赖或蠢驴,群众不愿意再跟他们走了,——所有这一切今天都可以用适当的缓和的形式讲出来。他们的"严密组织"已自然而然地彻底崩溃。因此,李卜克内西以拉萨尔派牺牲了他们的严密组织为理由——事实上他们已没有什么可牺牲的了——来替自己全盘接受拉萨尔信条进行辩解,这是很可笑的!

纲领中这些含糊和混乱的词句是从哪里来的,你感到奇怪。其实,所有这些词句正是李卜克内西的化身。为此,我们跟他已争论了多年,他却沉醉于这些词句中。他在理论问题上从来是含糊

---

① 指马克思 1875 年 5 月 5 日给威·白拉克的信,见本书第 5   7 页。——编者注

不清的,而我们的尖锐措辞直到今天还使他感到恐惧。可是,他作为人民党[6]的前党员,至今仍然喜欢那些包罗万象而又空洞无物的响亮词句。过去,那些头脑不清楚的法国人、英国人和美国人,由于不善于更好地表达自己的思想,谈到"劳动的解放"而没有谈到工人**阶级**的解放,甚至国际的文件有些地方也不得不使用文件对象的语言,这就成了李卜克内西强使德国党沿用这种陈旧用语的充足根据。绝对不能说他这是"违背自己的见解",因为他确实也没有更多的见解,而且他现在是否就不处于这种状态,我也没有把握。总之,他至今还常常使用那些陈旧的含糊不清的术语,——自然,这种术语用来夸夸其谈倒是方便得多。由于他自以为十分通晓的基本民主要求对他而言至少像他不完全懂得的经济学原理同样重要,所以,他的确真诚地相信:他同意接受拉萨尔信条,以换取基本民主要求,是做了一桩好买卖。

至于对拉萨尔的攻击,我已经说过,对我来说这也是极为重要的。由于接受了拉萨尔经济学方面的**全部**基本用语和要求,爱森纳赫派**事实上已成了拉萨尔派**,至少从他们的纲领来看是如此。拉萨尔派所能够保留的东西一点也没有牺牲,的确一点也没有牺牲。为了使他们获得圆满的胜利,你们采用了奥多尔夫先生用来进行道德说教并赞扬拉萨尔的押韵词句[77]做你们的党歌。在反社会党人法[55]实施的 13 年内,在党内反对对拉萨尔的崇拜当然没有任何可能。这种状况必须结束,而我已经开了头。我再也不容许**靠损害马克思**来维持和重新宣扬拉萨尔的虚假声誉。同拉萨尔有过个人交往并崇拜他的人已经寥寥无几,而所有其他的人对拉萨尔的崇拜**纯系人为的**,是由于我们违心地对此采取沉默和容忍的态度造成的,因此,这种崇拜甚至也不能以个人感情来解释。既然手稿是发表在《新时代》上，也就充分照顾了缺乏经验的和新的党员。但是，我决不能同意：在15年极其耐心的等待之后，为了照顾一时的需要和避免党内可能出现的不满而把关于这些问题的历史真相掩盖起来。这样做，每次总得要触犯一些善良的人，这是不可避免的，而他们对此要大发怨言，这也是不可避免的。在此以后，如果他们说什么马克思妒忌拉萨尔，而德国报刊，甚至（！！）芝加哥《先驱报》[78]（该报是为在芝加哥的地道的拉萨尔派办的，他们的数目比整个德国的拉萨尔派还要多）也都随声附和，这对我来说也没有什么了不起，还抵不上跳蚤咬一口。他们公开指责我们的岂止这些，而我们还是该做什么就做什么。马克思严厉地谴责了神圣的斐迪南·拉萨尔，为我们提供了范例，这在目前已经足够了。

再者，你们曾企图强行阻止这篇文章发表，并向《新时代》提出警告：如再发生类似情况，可能就得把《新时代》移交给党来管理并对它进行检查。从那时起，由党掌握你们的全部刊物的做法，不由得使我感到离奇。既然你们在自己的队伍中实施反社会党人法，那你们和普特卡默有什么区别呢？其实这对我个人来说，倒是无关紧要的：如果我决定要讲话，任何国家的任何党都不能迫使我沉默。不过，我还是要你们想一想，不要那么器量狭小，在行动上少来点普鲁士作风，岂不更好？你们——党——**需要**社会主义科学，而这种科学没有发展的自由是不能存在的。因此，对种种不愉快的事应该采取容忍态度，而且最好泰然处之，不要急躁。在德国党和德国社会主义科学之间哪怕是有一点不协调，都是莫大的不幸和耻辱，更不用说二者之间出现裂痕了。执行委员会和你本人对《新时代》以及其他所有出版物保持着并且应该保持相当大的

道义上的影响,这是不言而喻的。但是,你们也应该而且可以以此为满足。《前进报》总是夸耀不可侵犯的辩论自由,但是很少使人感觉到这一点。你们根本不知道,那种热衷于强制手段的做法,在国外这里给人造成何等奇怪的印象,在这里,在党内毫不客气地追究资格最老的党的领导人的责任(例如伦道夫·邱吉尔勋爵追究托利党政府的责任),已是司空见惯的事。同时,你们不要忘记:一个大党的纪律无论如何不可能像一个小宗派那样严厉,而且使拉萨尔派和爱森纳赫派合在一起(在李卜克内西看来,这却是他那个了不起的纲领促成的!)并使他们如此紧密地联合起来的反社会党人法,如今已不复存在了。……

德国社会民主党有关纲领选编

德国社会民主工党纲领[①]

（1869 年在爱森纳赫通过）

一、**社会民主工党争取建立自由的人民国家。**

二、社会民主工党的每个党员必须竭力实现如下各项原则：

1. 现今的政治制度和社会制度是极不合理的，因而必须最坚决地反对。

2. 为劳动阶级的解放而斗争不是为阶级特权和优先权而斗争，而是为**平等权利和平等义务**，为**消灭一切阶级统治**而斗争。

3. 工人对资本家的经济依附性构成一切形式的奴役的基础，因此，社会民主工党**在通过合作劳动废除现今的生产方式**（工资制度）**的条件下**，争取**使每个工人获得全部的劳动所得。**

4. **政治自由**是劳动阶级经济解放的必不可少的前提。因此，社会问题同政治问题是**不可分割的**，前者的解决取决于后者，而且**只有**在**民主国家**中才有可能。

5. 鉴于工人阶级的政治解放和经济解放只有当工人阶级进行共同的和统一的斗争的时候才是可能的，社会民主工党宣布自己

---

① 　根据小册子《哥达纲领批判》1972 年柏林版翻译。——编者注

是一个统一的组织,但是它也使每一个成员能够利用自己的影响来为整体的利益服务。

6.鉴于工人的解放既不是一个地方的任务,也不是一个国家的任务,而是涉及一切具有现代社会的国家的社会任务,社会民主工党认为自己是——只要结社法允许——**国际工人协会**的一个分支,并参与它的活动。

三、社会民主工党主张把下列各点作为鼓动工作中的**最近**要求:

1.凡年满19岁的男子在国会、各邦的议会、省和市镇的代表机构以及其他一切代表机关的选举中,都享有普遍的、平等的、直接的和秘密的选举权。应给当选的代表足够的津贴。

2.实行直接的人民立法(即提出和否决议案的权利)。

3.废除等级、财产、出身和宗教信仰的一切特权。

4.建立国民军以代替常备军。

5.教会同国家分离,学校同教会分离。

6.实行国民学校的义务教育,以及一切公共教育机构的免费教育。

7.保证法庭的独立性,建立陪审法庭和专业法庭,实行公开的和口头的审判程序,实行免费诉讼。

8.废除一切新闻出版、集会和结社的法律;实行正常工作日制度;限制妇女劳动和禁止儿童劳动。

9.取消一切间接税,实行单一的直接累进所得税和遗产税。

10.国家要促进合作社事业,在民主保障下为自由的生产合作社提供国家贷款。

德国工人党纲领①

（1875 年 3 月 7 日发表在《人民国家报》上）

一、劳动是一切财富和一切文化的源泉,而因为有益的劳动只有在社会中和通过社会才是可能的,所以劳动所得应当不折不扣和按照平等的权利属于社会一切成员。

在现代社会,劳动资料为资本家阶级所垄断;由此造成的工人阶级的依附性是一切形式的贫困和奴役的原因。

劳动的解放要求把劳动资料提高为社会的公共财产,要求集体调节总劳动并公平分配劳动所得。

劳动的解放应当是工人阶级的事情,对它说来,其他一切阶级只是反动的一帮。

工人阶级为了本身的解放,首先是在现代民族国家的范围内进行活动,同时意识到,它的为一切文明国家的工人所共有的那种努力必然产生的结果,将是各民族的国际的兄弟联合。

二、德国工人党从这些原则出发,用一切合法手段去争取建立自由国家和社会主义社会:废除工资制度连同铁的工资规律和任何形式的剥削,消除一切社会的和政治的不平等。

---

① 根据 1875 年 3 月 7 日《人民国家报》上发表的《德国工人党纲领》翻译。——编者注

三、为了替社会问题的解决开辟道路,德国工人党要求在劳动人民的民主监督下,依靠国家帮助建立生产合作社。在工业和农业中,生产合作社必须广泛建立,以致能从它们里面产生总劳动的社会主义的组织。

德国工人党提出下列要求作为国家的自由的基础:

1. 凡年满 20 岁的男子在国家和地方的一切选举中都享有普遍的、平等的、直接的和秘密的选举权。

2. 实行直接的人民立法,人民有提出和否决议案的权利。

3. 实行普遍军事训练。以国民军代替常备军。由人民代表机关决定宣战与媾和。

4. 废除一切特别法,尤其是关于新闻出版、结社和集会的法律。

5. 实行人民裁判。实行免费诉讼。

德国工人党提出下列要求作为国家的精神的和道德的基础:

1. 由国家实行普遍的和平等的国民教育。实行普遍的义务教育。实行免费教育。

2. 科学自由。信仰自由。

德国工人党提出下列要求作为国家的经济的基础:

向国家和地方交纳单一的累进所得税,取消一切现行税,特别是间接税。

德国工人党在现代社会内部提出下列保护工人阶级免遭资本势力之害的要求:

1. 结社自由。

2. 正常的工作日和禁止星期日劳动。

3. 限制妇女劳动和禁止儿童劳动。

4. 对工厂工业、作坊工业和家庭工业实行国家监督。

5. 调整监狱劳动。

6. 实行有效的责任法。

德国社会主义工人党纲领①

（1875 年在哥达通过）

一、劳动是一切财富和一切文化的源泉，而因为普遍有益的劳动只有通过社会才是可能的，所以，全部劳动产品属于社会，即在普遍履行劳动义务的条件下，按照平等的权利属于社会的一切成员，按照每个人的合理需要属于每个人。

在现代社会，劳动资料为资本家阶级所垄断；由此造成的工人阶级的依附性是一切形式的贫困和奴役的原因。

劳动的解放要求把劳动资料变为社会的公共财产，要求集体调节总劳动，并把劳动所得用于公益目的和公平分配。

劳动的解放应当是工人阶级的事情，对它说来，其他一切阶级只是反动的一帮。

二、德国社会主义工人党从这些原则出发，用一切合法手段去争取建立自由国家和社会主义社会，通过消灭雇佣劳动制度来摧毁铁的工资规律，废除任何形式的剥削，消除一切社会的和政治的不平等。

德国社会主义工人党虽然首先在本国范围内进行活动，但是它意识到工人运动的国际性质并决心履行这种性质所赋予工人的一切义务，以便实现一切人的兄弟联合。

---

① 根据小册子《哥达纲领批判》1972 年柏林版翻译。——编者注

为了替社会问题的解决开辟道路,德国社会主义工人党要求在劳动人民的民主监督下,依靠国家帮助建立社会主义的生产合作社。在工业和农业中,生产合作社必须广泛建立,以致能从它们里面产生总劳动的社会主义的组织。

德国社会主义工人党提出下列要求作为国家的基础:

1.凡年满19岁的国民在国家和地方的一切选举和投票中都享有秘密投票和义务投票的普遍、平等、直接的选举权和投票权。选举日或投票日必须定在星期日或节日。

2.实行直接的人民立法。由人民决定宣战与媾和。

3.实行普遍军事训练。以国民军代替常备军。

4.废除一切特别法,尤其是关于新闻出版、结社和集会的法律;废除限制自由发表意见、自由探讨和自由思想的一切法律。

5.实行人民裁判。实行免费诉讼。

6.由国家实行普遍的和平等的国民教育。实行普遍的义务教育。实行一切教育机构的免费教育。宣布宗教为私人的事。

德国社会主义工人党在现代社会内部提出下列要求:

1.本着上述要求的精神尽可能扩大政治上的权利和自由。

2.向国家和地方交纳单一的累进所得税,取消一切现行税,特别是加重人民负担的间接税。

3.保证无限制的结社权利。

4.实行同社会需要相适应的正常的工作日。禁止星期日劳动。

5.禁止儿童劳动和一切有害于健康和道德的妇女劳动。

6.实行保护工人生命和健康的法律。监督工人住宅的卫生状况。由工人选出的官吏对矿山、工厂工业、作坊工业和家庭工业实行监督。实行有效的责任法。

7. 调整监狱劳动。

8. 工人的互助基金和救济基金完全由工人自己管理。

注　释

1　指 1875 年 5 月 22—27 日在德国哥达召开的代表大会,会上当时德国
工人运动中存在的两个派别,即由威·李卜克内西和奥·倍倍尔于
1869 年在爱森纳赫建立并领导的德国社会民主工党(爱森纳赫派)和
由威·哈森克莱维尔、威·哈赛尔曼和卡·特耳克领导的全德工人联
合会(拉萨尔派)实现了合并,合并后的党名为德国社会主义工人党。
——3、5。

2　哈雷代表大会是德国社会民主党在反社会党人非常法(见注 55)废除后
于 1890 年 10 月 12—18 日在德国哈雷举行的第一次代表大会。1890
年 10 月 16 日根据威·李卜克内西的提议,决定起草一个新纲领草案,
提交下届党代表大会讨论。这个新纲领于 1891 年 10 月在爱尔福特代
表大会上通过,通称爱尔福特纲领。——3。

3　国际工人协会海牙代表大会于 1872 年 9 月 2—7 日在荷兰海牙举行。
和国际工人协会(见注 21)的历次代表大会相比,海牙代表大会按其组
成来说是最有代表性的大会。出席这次大会的有来自 15 个全国性组
织的 65 名代表。这次代表大会在马克思和恩格斯直接领导下,从理论
上、组织上彻底揭露和清算了巴枯宁等人反对无产阶级革命、破坏国际
工人运动的种种罪恶活动,并决定把巴枯宁等人开除出国际。海牙代
表大会的决议为后来建立各国独立的工人阶级政党奠定了基础。
——4。

4　这个声明后来没有发表,其原因见恩格斯 1875 年 10 月 11 日给威·白
拉克的信以及 1875 年 10 月 12 日给奥·倍倍尔的信(本书第 43—45、

46—48 页）。——5。

5　1869 年 8 月 7—9 日在德国爱森纳赫举行了有德国、奥地利和瑞士代表
参加的全德社会民主主义工人代表大会。会上成立了德国无产阶级的
独立的革命政党德国社会民主工党，通称爱森纳赫党或爱森纳赫派。
该党的领导人是奥·倍倍尔和威·李卜克内西。党的领导机构是由 5
人组成的执行委员会，会址设在不伦瑞克，通称不伦瑞克委员会。另有
11 人组成的监察委员会负责对执行委员会的工作进行检查，会址设在
维也纳。这次代表大会通过的纲领，即爱森纳赫纲领（见本书第 67—
68 页），总的来说是符合国际工人协会共同章程的精神的。该党成为国
际工人协会的一个分支。——5、6、36。

6　指德国人民党。该党是德国小资产阶级民主派的政党，其主要影响范
围为德国西南部和南部，故又称南德人民党或士瓦本人民党。该党前
身是 1864 年成立于德国西南部的民主人民党。德国人民党提出一般
民主主义的口号，在德国统一问题上反对普鲁士领导的自上而下统一
德国的"小德意志"方案，主张通过民主方式建立既包括普鲁士也包括
奥地利的联邦制的大德意志民主国家。该党在萨克森的分支，即萨克
森人民党 1866 年由倍倍尔和威·李卜克内西领导建立。萨克森人民
党的基本核心是工人，在威·李卜克内西和倍倍尔的领导下沿着社会
主义方向发展，最终脱离小资产阶级民主派参加了 1869 年 8 月成立的
德国社会民主工党（见注 5）的创建工作。德国社会民主工党成立后，
与德国人民党的联系并没有中断，二者在一些问题上（如反对军国主义
等）仍保持着合作关系。——6、27、36、44、46、52、64。

7　拉萨尔派是 19 世纪 60—70 年代德国工人运动中的机会主义派别，
斐·拉萨尔的信徒，主要代表人物是约·巴·施韦泽、威·哈森克莱维
尔、威·哈赛尔曼。其组织是 1863 年 5 月 23 日在莱比锡各工人团体
代表大会上成立的"全德工人联合会"。拉萨尔派反对暴力革命，认为
只要进行议会斗争，争取普选权，就可以把普鲁士君主国家变为"自由
的人民国家"；主张在国家帮助下建立生产合作社，把资本主义和平地
改造为社会主义；支持普鲁士政府通过王朝战争自上而下地统一德国
的政策。

随着国际工人协会的成立,全德工人联合会的拉萨尔派领导人所奉行的机会主义策略成了在德国建立统一的革命工人政党的障碍。马克思和恩格斯始终不渝地同拉萨尔主义进行斗争,到 70 年代初,先进的德国工人抛弃了拉萨尔主义。1875 年 5 月在哥达代表大会上,全德工人联合会同爱森纳赫派实行合并,合并后的党名为德国社会主义工人党。——6、35。

8 委托书在这里是指受某个组织或党派的委托去参加某种会议或执行某种使命的证明书。具有约束力的委托书规定了受委托人必须严格遵守的要求。

拉萨尔派为了坚持他们的机会主义主张,发给他们的代表具有约束力的委托书,而威·李卜克内西则热衷于合作,不惜作无原则的让步,他在 1875 年 4 月 21 日给恩格斯的复信中辩解说:"拉萨尔派事先直接举行了执行委员会会议,一些特别糟糕的条文均受委托书的约束。我们的(以及对方的)任何人都毫不怀疑,合并是拉萨尔主义的死亡。因此我们更应当对他们让步。"——6。

9 原来宣布哥达合并代表大会将于 1875 年 5 月 23—25 日召开,拉萨尔派代表大会在这以前召开,爱森纳赫派代表大会拟于 5 月 25—27 日召开。实际情况是,合并代表大会于 5 月 22—27 日召开,而爱森纳赫派代表大会和拉萨尔派代表大会都是在合并代表大会期间召开的。——6。

10 指马克思亲自校订的《资本论》第一卷的法文译本,这一译本于 1872 年 9 月—1875 年 11 月在巴黎分 9 册出版。《资本论》第一卷法文版的中译本 1983 年由中国社会科学出版社出版。——6。

11 《人民国家报》(Der Volksstaat)是德国社会民主工党(爱森纳赫派)的中央机关报,1869 年 10 月 2 日—1876 年 9 月 29 日在莱比锡出版。该报反映了德国工人运动中的革命派的观点,因而经常受到政府和警察的迫害。由于编辑常被逮捕,致使该报编辑部成员不断更换,但报纸的领导权始终掌握在威·李卜克内西手里。主持《人民国家报》出版社的奥·倍倍尔在该报中起了很大的作用。马克思和恩格斯从该报创刊起就为它撰稿,经常给编辑部提供帮助和指导。

　　根据 1875 年哥达代表大会(见注 1)的决定,从 1876 年 10 月 1 日起,开始出版德国社会主义工人党的统一的中央机关报《前进报》,以代替《人民国家报》和《新社会民主党人报》(见注 17)。——7、36、43。

12 指出版《人民国家报》的莱比锡联合会印刷所出版社,该社于 1875 年出版了马克思的著作《揭露科隆共产党人案件》的新版本。——7。

13 拉萨尔在一系列著作中宣扬在他之前就为部分经济学家所持有的"不折不扣的劳动所得"这一经济学观点。如在《就莱比锡全德工人代表大会的召开给中央委员会的公开答复》中他这样写道:"如果工人等级是它自己的企业主,那么工资和企业主利润之间的那种区分就会消失,纯工资也会随之消失,取而代之的是作为劳动报酬的劳动所得。"(1863年苏黎世版第 23 页)在 1863 年 10 月 14 日的《告柏林工人书》中他宣称,在即将建立的生产合作社中,工资包含"全部劳动所得,从而也包括营业利润"(《拉萨尔全集》1899 年莱比锡版第 2 卷第 205 页)。——11。

14 指斐·拉萨尔同普鲁士首相俾斯麦保持的秘密关系。马克思在 19 世纪 60 年代就已觉察到这一点,他在 1865 年 2 月 23 日给路·库格曼的信中写道:"拉萨尔事实上已经背叛了党。他同俾斯麦订立了一个正式的契约。"(见《马克思恩格斯选集》第 3 版第 4 卷第 455 页)1928 年发现的材料证实,拉萨尔早在 1863 年 5 月就同俾斯麦达成了协议,二人多次密谈并书信来往。这种关系一直保持到 1864 年 2 月。1863 年 6 月拉萨尔写信给俾斯麦表示:"一旦工人等级能够有理由相信独裁对它有好处,它就会本能地感到自己倾向于独裁。这是千真万确的;因此,正如我最近对您说的那样,如果国王什么时候能够决定采取——当然这是难以置信的——步骤,实行真正革命的和民族的方针,并把自己从一个特权等级的王权变成一个社会的和革命的人民的王权,那么工人等级尽管有共和主义的信仰,或者宁可说正是由于这种信仰,就会多么倾向于把国王看做是与资产阶级社会的利己主义相对立的社会独裁的天然体现者!"——11、59。

15 关于"反动的一帮"这一拉萨尔派的用语是否由拉萨尔本人提出尚无定论。不过,拉萨尔在 1862 年 11 月 22 日对柏林工人的演讲(这一演讲在拉萨尔去世后发表在 1865 年 8 月 31 日的《社会民主党人报》上)中确实包含了与这一策略思想非常相近的表述:"因此,在我面前那些使得反动派和进步党区分开的差别和对立都消失了。在我看来,尽管有这些内在的差别,他们仍然融合成一个共同的反动派。"恩格斯在 1868 年 10 月 22 日给马克思的信中曾提到全德工人联合会主席施韦泽有关"反动的一帮"的言论(《马克思恩格斯全集》中文第 1 版第 32 卷第 175 页)。——17、36。

16 指 1874 年 1 月 10 日的德意志帝国国会选举。在这次选举中,德国社会民主工党取得了很大的胜利,有 9 人当选为议员(其中包括监禁期刚满的奥·倍倍尔和威·李卜克内西),所获选票超过 35 万张,占全部选票的 6%,大大超过了 1871 年选举所获的票数。——18。

17 这一称谓显然是用来讽刺《新社会民主党人报》主编威·哈赛尔曼的。
　　《新社会民主党人报》(Neuer Social-Demokrat)是拉萨尔派的全德工人联合会的机关报,1871—1876 年在柏林出版。——18。

18 指国际和平和自由同盟。这是由一批小资产阶级共和主义者和自由主义者(包括维·雨果、朱·加里波第等人)于 1867 年在瑞士日内瓦建立的资产阶级和平主义组织。1867—1868 年,米·巴枯宁参加了同盟的领导工作,同盟在巴枯宁的影响下企图利用工人运动和国际工人协会来达到自己的目的。和平和自由同盟曾宣称通过建立"欧洲合众国"可以消除战争。这一思想反映了小资产阶级广大阶层的和平愿望,但在群众中散布了荒谬的幻想,诱使无产阶级放弃阶级斗争。马克思指出,这一组织是"为同无产阶级国际相对抗而创立的国际资产阶级组织"(见《马克思恩格斯选集》第 3 版第 4 卷第 488 页)。——19、27、37。

19 俾斯麦为了镇压工人阶级的革命运动,搞了一系列阴谋活动。1871 年他同法国反动头子阿·梯也尔勾结,镇压了巴黎公社;1871—1872 年他企图同奥匈帝国、俄国缔结一个正式协定,以便共同镇压革命的工人运动,尤其是国际工人协会。1873 年 10 月 22 日,根据俾斯麦的倡议,俄、奥、德三国皇帝缔结了协定,即"三皇协定",规定一旦出现战争或革命的危险,三国应立即协商,采取共同行动。——19。

20 自由贸易派也称曼彻斯特学派,是19世纪上半叶英国出现的资产阶级政治经济学的一个派别,其主要代表人物是曼彻斯特的两个纺织厂主理·科布顿和约·布莱特。19世纪20—50年代,曼彻斯特是自由贸易派的宣传中心。该学派提倡自由贸易,要求国家不干涉经济生活,反对贸易保护主义原则,要求减免关税并奖励出口,废除有利于土地贵族的、规定高额谷物进口关税的谷物法。1838年,曼彻斯特的自由贸易派建立了反谷物法同盟。19世纪40—50年代,该派组成了一个单独的政治集团,后来成为自由党的左翼。——20。

21 国际工人协会简称国际,后通称第一国际,是无产阶级第一个国际性的革命联合组织,1864年9月28日在伦敦成立。马克思参与了国际工人协会的创建,是它的实际领袖,恩格斯参加了国际后期的领导工作。在马克思和恩格斯的指导下,国际工人协会领导了各国工人的经济斗争和政治斗争,积极支持被压迫民族的解放运动,坚决地揭露和批判了蒲鲁东主义、巴枯宁主义、拉萨尔主义、工联主义等错误思潮,促进了各国工人的国际团结。国际工人协会在1872年海牙代表大会(见注3)以后实际上已停止了活动,1876年7月15日正式宣布解散。国际工人协会的历史意义在于它"奠定了工人国际组织的基础,使工人做好向资本进行革命进攻的准备"(见《列宁选集》第3版修订版第3卷第790页)。——20、37。

22 指1875年3月20日《北德总汇报》在每日政治新闻栏目就德国社会民主党的纲领草案发表的一篇社论,社论指出,"社会民主党的鼓动在某些方面变得比较谨慎了:它在背弃国际……"。

《北德总汇报》(Norddeutsche Allgemeine Zeitung)是德国的一家日报,1861—1918年在柏林出版;19世纪60—80年代是普鲁士政府的官方报纸;出版者和主编是奥·布拉斯(1861—1872),1872年起埃·弗·品特任主编。——20。

23 "铁的工资规律"是斐·拉萨尔的一个经济学观点。拉萨尔对他的"铁的工资规律"作了如下的表述:"在现今的关系之下,在劳动的供求的支配之下,决定着工资的铁的经济规律是这样的:平均工资始终停留在一国人民为维持生存和繁殖后代按照习惯所要求的必要的生活水平上。这是这样一个中心点:实际日工资总是在它周围摆动,既不能长久地高于它,也不能长久地低于它。实际的日工资不能长期地高于这个平均数,因为,否则由于工人的状况有所改善,工人结婚和繁殖后代就会增加,工人人口就会增加,从而人手的供应就会增加,结果又会把工资压低到原来的或者低于原来的水平。工资也不可能长期地大大低于这个必要的生活水平。因为,那时就会发生人口外流、独身生活、节制生育,以致最后由于贫困而造成工人人数减少等现象,这样,就会使工人人手的供应短缺,从而使工资重新回到它原来的水平。"(见拉萨尔《就莱比锡全德工人代表大会的召开给中央委员会的公开答复》1863 年苏黎世版第 15—16 页)——21、37、46、49。

24　引自歌德《神性》中的诗句:"我们大家必须顺从永恒的、铁的、伟大的规律,完成我们生存的连环。"——21。

25　弗·朗格在 1865 年发表的《工人问题及其在目前和将来的意义》一书中,宣扬了马尔萨斯的人口论(见注 26)。恩格斯于 1865 年 3 月 29 日写信给朗格(见《马克思恩格斯全集》中文第 1 版第 31 卷第 468—472 页),对他书中的错误观点进行了批判。——21。

26　英国资产阶级经济学家托·马尔萨斯的《人口原理。人口对社会未来进步的影响》1798 年在伦敦出版。在这本书中,他提出了自己的人口论,即人口以几何级数率(1、2、4、8、16……)增长,生活资料以算术级数率(1、2、3、4、5……)增长,人口的增长超过生活资料的增长是一条"永恒的自然规律"。他用这一观点来解释资本主义制度下劳动人民遭受失业、贫困的原因,认为只有通过战争、瘟疫、贫困和罪恶等来抑制人口的增长,人口与生活资料的数量才能相适应。马尔萨斯的人口论又称马尔萨斯主义。——22、38。

27　指法国基督教社会主义者菲·毕舍在 19 世纪 40 年代提出的由国家帮助建立生产合作社来消除社会弊病的主张。

《工场》即《工场。工人自编的劳动阶级机关刊物》(L'Atelier, organe special de la classe laborieuse, rédigé par des ouvriers exclusivement)。这是法国的一家月刊,受到基督教社会主义思想影响的手工业者和工人的刊物;1840—1850 年在巴黎出版;编辑部由工人代表组成,每三个月改选一次。——25、38。

28 "狭隘的臣民见识"是广泛流传于德国的一种说法,源于 1838 年初普鲁士内务大臣冯·罗霍给埃尔宾城居民的信。当时有人以埃尔宾城居民名义写信支持格丁根七教授反对汉诺威国王废除该邦宪法。罗霍在回信中写道:"臣民应当对自己的国王和邦君表示理所当然的服从……但是不应当以自己的狭隘见识为标准去度量国家元首的行为……"。——26。

29 爱森纳赫派(见注 5)也被称为"诚实的人"。——28、36。

30 千年王国是基督教用语,指世界末日到来之前,基督将再次降临,在人间为王统治一千年,届时魔鬼将暂时被捆锁,福音将传遍世界。此语常被用来象征理想中的公正平等、富裕繁荣的太平盛世。——28。

31 指利物浦财政改革协会。该协会创立于 1848 年,罗伯特·格莱斯顿曾长期担任该协会主席。该协会的目标是"倡导一种简单而公平的直接税制度,以取代现有的基于商品的不平等且征收成本极高的复杂税制"(《利物浦财政改革协会文选》1851 年利物浦版第 7 页)。——29。

32 见 1850 年 1 月 31 日的《普鲁士国家宪法原本》第 20 条:"科学及其学说是自由的。"(《皇家普鲁士法律汇编》,1850 年卷,第 3 期)——30。

33 文化斗争这一概念是由左翼自由派医生鲁·微耳和提出的,是对 19 世纪 70 年代以俾斯麦政府与资产阶级自由派为一方,以具有资产阶级分立主义倾向的教会中央党和天主教教会为另一方展开的政治论战的概括。由于内政和外交上的原因,俾斯麦与天主教教权主义势力处于敌对状态。中央党与其他分立主义势力,其中包括进入帝国国会的波兰人结成了联盟,俾斯麦认为这一联盟危及到具有普鲁士特征的、以新教为主的帝国的进一步巩固,因而采取了一系列有针对性的法律措施。

1872 年 3 月 11 日普鲁士颁布了教学监督法,俾斯麦利用这个法律压制波兰居民的文化活动,推行波兰居民的普鲁士化。按照这项法律,普鲁士官员不仅应对波兰神职人员进行监督,而且也应对所有波兰居民的学校进行监督。此外,1872 年 10 月 26 日的一项王室法令以及 1873 年 10 月 27 日由波森省颁布的一项命令还规定,除宗教课以外,德语为波森中等学校和国民学校的教学用语。在反对天主教的借口下,俾斯麦政府在普鲁士统治下的波兰地区加强民族压迫,同时煽起宗教狂热使一部分工人脱离阶级斗争。80 年代初,在工人运动发展的形势下,俾斯麦为了纠集反动力量,取消了大部分法律措施。—— 30。

34 这句话原文是拉丁文:Dixi et salvavi animam meam,源于《旧约全书·以西结书》,意思是,我已经尽了责任。—— 32。

35 德国社会民主工党(爱森纳赫派)1869 年成立以后,一直为争取德国工人运动的统一而斗争。1872 年 9 月初,社会民主工党美因茨代表大会通过决议,要求同拉萨尔派“进行原则上的合作”;9 月底《人民国家报》发表声明,希望召开两派共同代表大会讨论分歧意见以便实现统一。而拉萨尔派的执行委员会和代表大会却一再作出了反对统一的决议。1874 年 2 月,爱森纳赫派国会议员向拉萨尔派代表建议组成统一的国会党团,又遭到拒绝。后来,由于爱森纳赫派不断发展壮大,而拉萨尔派内部矛盾重重,日趋瓦解,同时反动派加紧对两派的迫害,拉萨尔派领导人才不得不谋求和解,以摆脱困境。—— 35。

36 即《法兰克福报和商报》(Frankfurter Zeitung und Handelsblatt)。这是德国的一家日报,南德小资产阶级民主派的机关报,1856 年由莱·宗内曼在美因河畔法兰克福创办和出版,最初的名称为《法兰克福商报》(Frankfurter Handelszeitung),1859 年改名为《新法兰克福报—法兰克福商报》(Neue Frankfurter Zeitung—Frankfurter Handelszeitung),1866 年起用《法兰克福报和商报》这个名称出版。报纸具有鲜明的反普鲁士和反俾斯麦的倾向,维护小资产阶级民主派在工人运动中的政治和思想影响。—— 36、44、48、54。

37 指哥达纲领草案提出的“作为国家的自由的基础”的各项要求,详见本书第 70 页。——36。

38 威·白拉克在他 1873 年的著作《拉萨尔的建议。谈德国社会民主工党第四次代表大会》中批判了拉萨尔关于依靠国家帮助建立生产合作社的主张,指出:"王室为了它自己,不可能真诚地、完全地代表一个被压迫的社会阶级的利益。工人阶级只有依靠自己的力量和觉悟才能获得解放。除此之外,不能依靠任何人。"他称拉萨尔的这种反动主张为"徒然追求宫廷恩准的普鲁士王国政府的社会主义"。他批评了爱森纳赫纲领要求国家对合作社事业提供帮助的条文(见本书第 68 页),要求"用明确的社会主义的、适合阶级运动的条文来代替纲领中的有关条文"。——38、46。

39 阿·戈克是国际和平和自由同盟(见注 18)的首领之一,曾在欧洲大陆以及英美等国四处游说,宣扬所谓"各民族的国际的兄弟联合"和"欧洲合众国"的主张。——38。

40 《民主周报》(Demokratisches Wochenblatt) 1868 年 1 月 4 日—1869 年 9 月 29 日在莱比锡出版,由威·李卜克内西主编;1868 年 12 月 6 日起为奥·倍倍尔领导的德国工人协会联合会的机关报。周报最初受人民党小资产阶级思想的影响,但由于马克思和恩格斯的努力,很快开始与拉萨尔主义进行斗争,宣传国际的思想,刊登国际的重要文件以及马克思和恩格斯的一些文章,在德国社会民主工党的创建中起了重要作用;1869 年 8 月在爱森纳赫代表大会上被宣布为德国社会民主工党中央机关报,并于 10 月改名为《人民国家报》(见注 11)。——41。

41 倍倍尔由于在 1870—1871 年普法战争中采取国际主义立场,1872 年被俾斯麦反动政府以"叛国罪"判处两年要塞监禁,又因批评普鲁士国王的诏书,加判了 9 个月徒刑,直到 1875 年 4 月 1 日才被释放,而这一天恰好是俾斯麦的生日。——42。

42 指 1875 年哥达合并代表大会上选出的德国社会主义工人党执行委员会。它由拉萨尔派的哈森克莱维尔、哈特曼、德罗西和爱森纳赫派的盖布、奥尔组成。——43、48。

43　公元前 321 年第二次萨姆尼特战争时期,萨姆尼特人在古罗马卡夫丁城(今意大利蒙泰萨尔基奥)附近的卡夫丁峡谷包围并击败了罗马军队。按照意大利双方交战的惯例,罗马军队必须在由长矛交叉构成的"轭形门"下通过。这被认为是对战败军的最大羞辱。"通过卡夫丁峡谷"("通过卡夫丁轭形门")一语即由此而来。——44、46。

44　威·白拉克在 1875 年 6 月 28 日—7 月 7 日给恩格斯的信中说,社会主义工人党执行委员会以拉萨尔派 3 票对爱森纳赫派 2 票通过决议,从刊登在党的中央机关报《人民国家报》和《新社会民主党人报》上党的文献目录中删去两本反拉萨尔主义的著作:威·白拉克《拉萨尔的建议》(1873 年不伦瑞克版)和伯·贝克尔《斐迪南·拉萨尔工人鼓动的历史》(1874 年不伦瑞克版)。这两本书均由威·白拉克出版社出版。在白拉克的坚决要求下,党的执行委员会的这项决议被撤销。——44、48。

45　由爱森纳赫派创办的莱比锡印刷所从 1875 年 6 月起就接受党的执行委员会的管理,而拉萨尔派把持的柏林全德联合印刷所在 1875 年 8 月 29 日才接受党的执行委员会的管理。——45。

46　指 1877 年 1 月 10 日举行的德国国会选举。在这次选举中,德国社会民主党有 12 人当选议员,获得了将近 50 万张选票。——45、46。

47　这封信的手稿下落不明。这里收入的仅是 1875 年 10 月 12 日恩格斯致倍倍尔的信的部分内容,这些文字由倍倍尔首次发表在他的回忆录《我的一生》(1911 年斯图加特版)中。——46。

48　指爱森纳赫纲领(见注 5)的最后一条(关于合作社事业),参看本书第 68 页。——46。

49　《新时代。精神生活和社会生活评论》(Die Neue Zeit. Revue des geistigen und offentlichen Lebens)是德国社会民主党的理论杂志;1883—1923 年在斯图加特出版,1890 年 10 月以前每月一期,以后每周一期;1883—1917 年 10 月由卡·考茨基担任编辑,1917 年 10 月—1923 年秋由亨·库诺担任编辑。1885—1894 年间恩格斯在该杂志上发表了许多文章,并经常给编辑部提出批评、告诫,帮助其端正办刊方向。——49、51、53、57、60。

50　恩格斯从 1890 年 12 月起就开始撰写文章,回击讲坛社会主义者路·布伦坦诺对马克思的诽谤。恩格斯的这篇著作 1891 年 4 月以《布伦坦诺 CONTRA 马克思。关于所谓捏造引文问题。事情的经过和文件》为题出版(见《马克思恩格斯全集》中文第 1 版第 22 卷)。——49。

51　恩格斯的这封信没有找到。从倍倍尔 1891 年 1 月 21 日给恩格斯的复信可以看出,恩格斯在这封信中告诉他,马克思的《德国工人党纲领批注》即将发表,并询问他是否了解马克思对妥协性的哥达纲领草案的批评意见。倍倍尔在复信中告诉恩格斯,在他坐牢期间(见注 41),没有任何人把马克思这些意见告诉他,而且直到当时他对此仍一无所知。——50。

52　指威·李卜克内西在 1890 年 10 月 12—18 日哈雷代表大会(见注 2)上所作的关于德国社会民主党新纲领的报告。在分析哥达纲领时,李卜克内西引用了马克思批判该纲领的某些论点,但没有指明出处。——50、57、61。

53　《前进报》即《前进。柏林人民报》(Vorwärts. Berliner Volksblatt),是德国社会民主党的日报,1884 年创办,当时的名称是《柏林人民报》。根据哈雷党代表大会的决议,该报从 1891 年起成为德国社会民主党的中央机关报,并更名为《前进。柏林人民报》,由威·李卜克内西任主编。恩格斯曾为该报撰稿并纠正该报编辑部的错误和动摇,帮助它同机会主义作斗争。恩格斯逝世后,该报编辑部渐渐转入党的右翼手中。——51、55、59。

54　1891 年 2 月 1 日和 3 日《前进报》附刊转载了马克思的《德国工人党纲领批注》,但没有刊登恩格斯的序言。——51。

55　非常法或反社会党人法,即反社会党人非常法,是俾斯麦政府在帝国国会多数的支持下于 1878 年 10 月 19 日通过并于 10 月 21 日生效的一项法律,其目的在于扼杀社会主义运动和工人运动。这项法律将德国社会民主党置于非法地位,党的一切组织和群众性的工人组织被取缔,社会主义的和工人的刊物被查禁,社会主义文献被没收,社会民主党人遭到镇压。但是,社会民主党在马克思和恩格斯的积极帮助下战胜了自己队伍中右的和"左"的机会主义倾向,正确地把地下工作同利用合法机会结合起来,大大加强和扩大了自己在群众中的影响。在日益壮大的工人运动的压力下,反社会党人非常法于 1890 年 10 月 1 日被废除。——51、56、59、64。

56 指德国社会民主党领导人企图阻止《新时代》杂志 1890—1891 年第 9 年卷第 1 册第 18 期发行一事,这一期发表了马克思的《德国工人党纲领批注》。——51。

57 恩格斯给倍倍尔的这封信没有找到。——52。

58 《工人报》(Arbeiter Zeitung)是奥地利社会民主党的机关报,1889 年 7 月在维也纳创办,1889—1893 年每周出版一次,1894 年每周出版两次,从 1895 年 1 月 1 日起每天出版;编辑是维·阿德勒。19 世纪 90 年代该报发表过恩格斯的许多文章。为该报撰稿的有奥·倍倍尔、爱·马克思—艾威林和其他工人运动活动家。——53。

59 1891 年 2 月 6 日维也纳《工人报》的一篇柏林通讯写道,恩格斯在德国发表了一个具有重大理论和实践意义的文件——马克思的《德国工人党纲领批注》。通讯还指出:"在纲领中十分明确地、毫不妥协地阐明我们党的理论原则的时候到了,在此刻公布这个文件也是完全适时的。"——53、54。

60 这个声明并没有发表。不过,1891 年 2 月 13 日《前进报》以德国社会民主党国会党团的名义发表了一篇社论,社论表达了党团对于恩格斯发表马克思的《德国工人党纲领批注》一事的立场。关于这篇社论参见注 72。——53、55。

61 "柏林人"指当时在柏林的威·李卜克内西、倍倍尔等德国社会民主党的领导人。关于柏林人的抵制,恩格斯在 1891 年 2 月 10 日给拉法格的信中也谈到:"马克思的文章使党的执行委员会大为恼火,而在党内却获得了热烈赞同。有人曾企图把这一期《新时代》全部停售,但已经来不及了,于是就装出满不在乎的样子,鼓起勇气在正式机关报上转载了这篇文章……目前,我直接从他们那里得不到任何消息,这些人对我有些抵制。"(《马克思恩格斯全集》中文第1版第38卷第25页)——54。

62 1891年2月8日《汉堡回声报》发表了一篇社论《关于对社会民主党纲领的批判》,指出恩格斯发表马克思的《德国工人党纲领批注》对制定新党纲具有重大意义。

　　《汉堡回声报》(Hamburger Echo)是德国社会民主党的日报,1887年起在汉堡出版,1891年倍倍尔等人参加了编辑部的工作。——54。

63 指拉萨尔1861年撰写的《既得权利体系》一书(1861年莱比锡版)。他在这本书中从哲学和法学的角度对人与人之间的法的关系作了唯心主义的解释。他把历史上形成的法律称为实在法,把在实在法基础上产生的由个人意志行为取得的权利叫做既得权利,把确定这些权利的意义和界限的法律体系叫做既得权利体系。——54。

64 指拉法格为《新时代》写的一篇文章,这篇文章没有在《新时代》上发表,后来发表在《社会主义评论》杂志1892年第16卷第93期,标题是《马克思的价值和剩余价值理论与资产阶级经济学家》。——55。

65 指拉法格在《新时代》上发表的《帕德莱夫斯基的一枪》一文。1890年11月18日波兰社会主义者帕德莱夫斯基在巴黎刺杀了沙皇俄国秘密警察头子谢利韦尔斯托夫。拉法格的文章阐明了这一事件的意义,揭露了法国政府同俄国勾结的真相。——55。

66 盖得于1891年1月28日和30日在《前进报》上发表了《法国来信》,揭露以孔斯旦、鲁维埃等人为首的温和的资产阶级共和派镇压法国工人运动的政策。——55。

67 1890年11月27日至12月初,倍倍尔、威·李卜克内西和辛格尔曾在恩格斯家做客。他们是代表德国社会民主党到伦敦祝贺恩格斯七十寿辰(1890年11月28日)的。——56。

68 恩格斯给考茨基的这封信,实际上是写给倍倍尔看的。恩格斯在同一天给考茨基的另一封信中写道:"礼尚往来:鉴于你把倍倍尔的信寄给了我,我就把附上的信写成这样,以便你也可以把它寄给倍倍尔,**假如你出于和好的考虑同样认为这合适的话**。此事完全请你酌定。"(《马克思恩格斯全集》中文第 1 版第 38 卷第 35 页)——56。

69　1891 年 2 月 6、7、10 和 12 日《萨克森工人报》转载了马克思的《德国工人党纲领批注》,并加了编者按,指出它对德国社会民主党具有特殊的意义。

　　1891 年 2 月 10 日《苏黎世邮报》发表了一篇由弗·梅林起草的社论《艰苦的努力》。这篇社论强调指出:马克思这一著作的发表,表明了德国社会民主党力求以其固有的客观态度和自我批评精神阐明自己的斗争目标,表明了党的威力和战斗力。

　　维也纳的《工人报》(见注 58)发表的关于《德国工人党纲领批注》的通讯见注 59。

　　《萨克森工人报》(Sächsische Arbeiter-Zeitung)是德国社会民主党的报纸,1890—1908 年在德累斯顿出版;原为周报,后改为日报。

　　《苏黎世邮报》(Züricher Post)是瑞士民主派日报,1879—1936 年在苏黎世出版。——57。

70　1890—1891 年《新时代》第 9 年卷第 1 册转载《前进报》1891 年 2 月 13 日的社论(见注 72)时加了简短的引言。编辑部在加的一个脚注中写道:"我们当然不认为自己有义务把马克思的这封信提交党的领导机构或国会党团审查……发表的责任只由我们承担。"——57。

71　斐·拉萨尔在 1846—1854 年曾办理过索·哈茨费尔特伯爵夫人的离婚案。拉萨尔过分夸大了为一个古老贵族家庭成员作辩护的诉讼案的意义,把这件事同为被压迫者的事业而斗争相提并论。——58。

72　德国社会民主党国会党团在 1891 年 2 月 13 日《前进报》第 37 号上发表了一篇由威·李卜克内西起草的社论,指出马克思的《德国工人党纲领批注》对德国社会民主党具有"很大的现实意义"。这篇社论同时也试图削弱马克思对哥达纲领和拉萨尔的批判的实质性内容,尤其是要证明哥达合并大会的妥协纲领是正确的。——59、60、61。

73 在 1891 年 2 月 20 日的信中,理·费舍把德国社会民主党执行委员会关于再版马克思的《法兰西内战》、《雇佣劳动与资本》和恩格斯的《社会主义从空想到科学的发展》等著作的决定通知恩格斯,征求他的同意并请他作序。——60。

74 《人民报》即《纽约人民报。为了劳动人民的利益》(New Yorker Volks-zeitung.Den Interessen des arbeitenden Volkes gewidmet),是美国的一家日报,北美社会主义工人党的机关报;由亚·约纳斯创办,1878—1932 年在纽约用德文出版。——60。

75 倍倍尔在 1891 年 3 月 30 日的信中说明了恩格斯发表马克思的《德国工人党纲领批注》以来自己长时间保持沉默的原因。他说,在马克思关于纲领的那封信发表后,他不愿直接答复,因为他不同意这封信发表的方式,此外他在议会活动方面又很繁忙。倍倍尔认为,发表马克思 1875 年 5 月 5 日给白拉克的附信是不妥当的。在他看来,附信所涉及的不是党的纲领,而是党的领导。他不同意发表的更主要的理由是,这样做会向敌人提供反对社会党人的武器,而对拉萨尔的尖锐批判又会触动目前党内那些原来的拉萨尔分子。

　　在 1891 年 4 月 25 日的信,倍倍尔向恩格斯介绍了德国工人运动的状况,尤其是莱茵—威斯特伐利亚煤矿区矿工罢工的情况。——61。

76 威·李卜克内西起草的 1891 年 2 月 13 日《前进报》第 37 号的社论(见注 72)中有一处说,收到马克思关于哥达纲领的信的那些人,用"绝对不行"对抗马克思在该信中提出的建议。——62。

77 指雅·奥多尔夫 1864 年为拉萨尔之死而写的《德国工人之歌》(所谓《工人马赛曲》)。这首歌的副歌的最后两句是:"拉萨尔领导我们,沿着勇敢的道路前进。"1875 年哥达合并代表大会闭幕时唱了这首歌。——64。

78 《先驱报》(Vorbote)是美国的一家周报,1874—1876 年在芝加哥用德文出版,1876 年起作为社会主义报纸《芝加哥工人报》的星期附刊出版。——65。

人 名 索 引

A

阿德勒，维克多（Adler, Victor 1852—1918）——奥地利社会民主工党创始人和领导人之一，1889—1895 年曾与恩格斯通信；《工人报》编辑，1889、1891和 1893 年国际社会主义工人代表大会代表；后为奥地利社会民主党和第二国际领袖之一。——49、51、53、54。

奥多尔夫，雅科布（Audorf, Jacob 1835—1898）——德国社会民主党人，拉萨尔派，职业是机械工人，后为政论家和诗人；曾参加全德工人联合会的创建（1863），任该联合会执行委员会委员；颂扬拉萨尔的《德国工人之歌》的作者（1864）；1887—1898 年为《汉堡回声报》编辑之一。——64。

奥尔，伊格纳茨（Auer, Ignaz 1846—1907）——德国社会民主党人，职业是鞍匠；社会民主党领导人，曾多次当选为德意志帝国国会议员（1877—1878、1880—1881、1884—1887 和 1890—1907），晚年为改良主义者。——3、5。

B

巴枯宁，米哈伊尔·亚历山大罗维奇（Бакунин, Михаил Александрович 1814—1876）——俄国无政府主义和民粹主义创始人和理论家；1840 年起侨居国外，曾参加德国 1848—1849 年革命；1849 年因参与领导德累斯顿起义被判死刑，后改为终身监禁；1851 年被引渡给沙皇政府，囚禁期间向沙皇写了《忏悔书》；1861 年从西伯利亚流放地逃往伦敦；1868 年参加第一国际活动后，在国际内部组织秘密团体——社会主义民主同盟，妄图夺取总委员会的领导权；由于进行分裂国际的阴谋活动，1872 年在海牙代表大会上被开除出第一国际。——4、5、41。

白拉克,威廉(Bracke,Wilhelm 1842—1880)——德国社会民主党人,出版商和书商,全德工人联合会不伦瑞克支部创始人(1865),1867年起领导全德工人联合会中的反对派;社会民主工党(爱森纳赫派)创始人(1869)和领导人之一;曾进行反对拉萨尔派的斗争;不伦瑞克白拉克出版社的创办人(1871),《不伦瑞克人民之友》(1871—1878)和《人民历书》(1875—1880)的出版者;德意志帝国国会议员(1877—1879);马克思和恩格斯的朋友和战友。——3、5、38、42、43、46、54。

贝克尔,伯恩哈德(Becker,Bernhard 1826—1882)——德国政论家和历史学家,拉萨尔派;德国1848—1849年革命的参加者,革命失败后流亡伦敦;全德工人联合会成立大会代表,后任主席(1864—1865);1870年起为社会民主工党(爱森纳赫派)党员;国际海牙代表大会(1872)代表,1874年以后脱离工人运动。——7、44、46。

倍倍尔,奥古斯特(Bebel,August 1840—1913)——德国工人运动和国际工人运动的活动家,职业是旋工;德国工人协会联合会创始人之一,1867年起为主席;第一国际会员,1867年起为国会议员,1869年是德国社会民主工党创始人和领袖之一;曾进行反对拉萨尔派的斗争,普法战争时期站在无产阶级国际主义立场,捍卫巴黎公社;1889、1891和1893年国际社会主义工人代表大会代表;第二国际的活动家,在19世纪90年代和20世纪初反对改良主义和修正主义;马克思和恩格斯的朋友和战友。——3、5、35、45、46、50、51、54、55、56、58、60。

俾斯麦公爵,奥托(Bismarck[Bismark],Otto Fürst von 1815—1898)——普鲁士和德国国务活动家和外交家,普鲁士容克的代表;曾任驻彼得堡大使(1859—1862)和驻巴黎大使(1862);普鲁士首相(1862—1872和1873—1890),北德意志联邦首相(1867—1871)和德意志帝国首相(1871—1890);主张在普鲁士领导下"自上而下"统一德国;1870年发动普法战争,1871年支持法国资产阶级镇压巴黎公社;曾采取一系列内政措施,捍卫容克和大资产阶级的联盟;1878年颁布反社会党人非常法。——18、19、42、58。

毕舍,菲力浦·约瑟夫·本杰明(Buchez,Philippe-Joseph-Benjamin 1796—

1865)——法国政治活动家和历史学家,资产阶级共和党人,1821年起为圣西门的学生,七月革命后是基督教社会主义的思想家;国民议会议长(1848)。——25、38。

伯恩施坦,爱德华(Bernstein,Eduard 1850—1932)——德国社会民主党人,银行职员和政论家,1872年起为德国社会民主工党党员,哥达合并代表大会代表(1875),卡·赫希柏格的秘书(1878),1880年结识马克思和恩格斯,在他们的影响下成为科学社会主义的拥护者;《社会民主党人报》编辑(1881—1890);后转向修正主义立场。——51。

布劳恩,阿道夫(Braun,Adolf 1862—1929)——德国社会民主党人,德国和奥匈帝国工人运动的活动家,曾参加奥地利社会民主工党的成立大会(1888);1907年以前为德国和奥地利多家工人报纸的编辑,第一次世界大战期间是社会沙文主义者,1920年后为德国社会民主党执行委员会成员和国会议员。——53、54。

布伦坦诺,路德维希·约瑟夫(路约)(Brentano,Ludwig Joseph[Lujo]1844—1931)——德国资产阶级庸俗经济学家,讲坛社会主义者。——49。

D

狄茨,约翰·亨利希·威廉(Dietz,Johann Heinrich Wilhelm 1843—1922)——德国出版商;社会民主党人,1881年在斯图加特创办狄茨出版社,1881年起为国会议员。——50、51、57、60。

F

费舍,理查(Fischer,Richard 1855—1926)——德国社会民主党人,新闻工作者,党的执行委员会书记(1890—1893),国会议员(1893—1926)。——60。

G

盖布,威廉·莱奥波德·奥古斯特(Geib,Wilhelm Leopold August 1842—1879)——德国社会民主党人,汉堡的书商;全德工人联合会会员;1869年爱森纳赫代表大会的参加者和社会民主工党的创始人之一,党的财务委员

（1872—1878），德意志帝国国会议员（1874—1877）。——3、5。

盖得，茹尔（Guesde, Jules 真名马蒂厄·巴西尔 Mathieu Basile 1845—1922）——法国工人运动和国际工人运动的活动家，初期为资产阶级共和党人，资产阶级共和派报纸《自由报》撰稿人和《人权报》编辑部成员；1871年被判处五年徒刑；后逃往瑞士，加入巴枯宁派，日内瓦社会主义革命宣传和行动支部创始人之一；松维利耶代表大会（1871）的参加者，汝拉联合会成员；1872年流亡意大利，脱离巴枯宁派；1875年返回瑞士，1876年返回法国；后为法国工人党（1879）创始人之一和马克思主义思想在法国的宣传者；法国社会主义运动革命派的领导人；第一次世界大战期间为社会沙文主义者。——55。

歌德，约翰·沃尔弗冈·冯（Goethe, Johann Wolfgang von 1749—1832）——德国诗人、作家、思想家和博物学家。——21。

戈克，阿曼德（Goegg, Amand 1820—1897）——德国海关官员、政论家和新闻工作者，小资产阶级民主主义者，1848—1849年革命的参加者，1849年是巴登临时政府财政部长，革命失败后流亡国外；1862年返回德国；日内瓦国际和平和自由同盟的创建人之一，国际会员；70年代加入德国社会民主党。——38。

格莱斯顿，罗伯特（Gladstone, Robert 1811—1872）——英国商人，资产阶级慈善家，威·尤·格莱斯顿的弟弟。——29。

格莱斯顿，威廉·尤尔特（Gladstone, William Ewart 1809—1898）——英国国务活动家，托利党人，后为皮尔分子，19世纪下半叶是自由党领袖；曾任财政大臣（1852—1855和1859—1866）和首相（1868—1874、1880—1885、1886和1892—1894）。——29。

H

哈赛尔曼，威廉（Hasselmann, Wilhelm 1844—1916）——德国编辑，全德工人联合会会员，《社会民主党人报》编辑（1867—1871），《新社会民主党人报》编辑（1871—1875），1875年起为德国社会民主党党员；国会议员（1874—1876和1878—1880），1878年为无政府主义小组领导人，1880年被开除出党。——35、42、45、52、53。

哈森克莱维尔,威廉(Hasenclever,Wilhelm 1837—1889)——德国鞣革工人,
新闻工作者,社会民主党人,拉萨尔分子,全德工人联合会会员(1864)、书
记(1866)、司库(1868—1870)、主席(1871—1875),《社会民主党人报》编
辑(1870年起),《新社会民主党人报》编辑(1871—1876),德国社会主义工
人党两主席之一(1875—1876);1876—1878年同李卜克内西一起编辑《前
进报》;国会议员(1869—1870和1874—1888)。——35、42、45。

哈茨费尔特伯爵夫人,索菲娅(Hatzfeldt,Sophie,Gräfin von 1805—1881)——
斐·拉萨尔的朋友和拥护者。——58。

K

考茨基,卡尔(Kautsky,Karl 1854—1938)——德国历史学家和政论家,社会
民主党主要理论家之一,《新时代》杂志编辑;后转向机会主义立场。——
48、50、51、53、54、56、62。

L

拉法格,保尔(Lafargue,Paul 笔名保尔·洛朗 Paul Laurent 1842—1911)——
法国工人运动和国际工人运动活动家,医生和政论家;1865年流亡英国,国
际总委员会委员,西班牙通讯书记(1866—1869),曾参加建立国际在法国
的支部(1869—1870)及在西班牙和葡萄牙的支部(1871—1872);巴黎公
社的支持者(1871),公社失败后逃往西班牙;《解放报》编辑部成员,新马德
里联合会的创建人之一(1872),海牙代表大会(1872)代表,法国工人党创
始人之一(1879);1882年回到法国,《社会主义者报》编辑;1889年国际社
会主义工人代表大会的组织者之一和代表,1891年国际社会主义工人代表
大会代表;法国众议院议员(1891—1893);马克思和恩格斯的学生和战友;
马克思女儿劳拉的丈夫。——55。

莱奥波德,安哈尔特-德绍王(Leopold,Fürst von Anhalt-Dessau 1676—
1747)——普鲁士陆军元帅,参加过多次战争;曾改编普鲁士步兵。——61。

拉萨尔,斐迪南(Lassalle,Ferdinand 1825—1864)——德国工人运动中的机会

主义代表,1848—1849年革命的参加者;全德工人联合会创始人之一和主席(1863);写有古典古代哲学史、法学史和文学方面的著作。——3、6、7、11、12—13、17—19、21—22、24、35—38、41、42、46、58—59、63—64。

朗格,弗里德里希·阿尔伯特(Lange,Friedrich Albert 1828—1875)——德国社会经济学家和哲学家,新康德主义者,小资产阶级民主主义者;杜伊斯堡商会文书(1864年以前),德国工人协会联合会常设委员会委员(1864—1866),《下莱茵河信使》编辑(1865—1866);1866年前往瑞士;国际会员,洛桑代表大会(1867)代表,瑞士多家报纸的撰稿人;1870年起为苏黎世大学教授,1872年起为马堡大学教授。——21。

朗姆,海尔曼(Ramm,Hermann)——德国社会民主党人,《人民国家报》和《前进报》编委。——42。

李嘉图,大卫(Ricardo,David 1772—1823)——英国经济学家,资产阶级古典政治经济学最著名的代表人物。——38。

李卜克内西,威廉(Liebknecht,Wilhelm 1826—1900)——德国工人运动和国际工人运动活动家、政论家和语文学家;1848—1849年革命的参加者,革命失败后流亡瑞士,1850年5月前往英国,在那里成为共产主义者同盟盟员;1862年回到德国;国际会员,1867年起为国会议员;德国社会民主工党创始人和领袖之一;《人民国家报》编辑(1869—1876)和《前进报》编辑(1876—1878和1890—1900);1889、1891和1893年国际社会主义工人代表大会代表;马克思和恩格斯的朋友和战友。——3、5—6、35、41、42、43、45、48、50、52、53、54、55、57、59、60、61。

卢梭,让·雅克(Rousseau,Jean-Jacques 1712—1778)——法国启蒙运动的主要代表人物,民主主义者,小资产阶级思想家,自然神论哲学家。——9。

路易-菲力浦一世(路易-菲力浦),奥尔良公爵(Louis-Philippe I[Louis-Philippe],duc d'Orléans 1773—1850)——法国国王(1830—1848)。——25、28。

M

马尔萨斯,托马斯·罗伯特(Malthus,Thomas Robert 1766—1834)——英国经

济学家,教士,人口论的主要代表。——22、37、38。

马拉,让·保尔(Marat,Jean-Paul 1743—1793)——法国政论家,18 世纪末法
国资产阶级革命的活动家,雅各宾派的领袖之一。——18。

N

拿破仑第三(路易-拿破仑·波拿巴)(Napoléon Ⅲ〔Louis-Napoléon
Bonaparte〕1808—1873)——法兰西第二共和国总统(1848—1851),法国
皇帝(1852—1870),拿破仑第一的侄子。——28。

P

帕德莱夫斯基,斯塔尼斯拉夫(Padlewsky,Stanislaw 1856—1891)——波兰社
会主义者,1890 年在巴黎刺杀俄国将军、宪兵头子尼·德·谢利韦尔斯托
夫;流亡伦敦,后迁美国,在美国自杀身亡。——55。

蒲鲁东,皮埃尔·约瑟夫(Proudhon,Pierre-Joseph 1809—1865)——法国政论
家、经济学家和社会学家,小资产阶级思想家,无政府主义理论的创始人,
第二共和国时期是制宪议会议员(1848)。——40。

普特卡默,罗伯特·维克多(Puttkamer,Robert Victor 1828—1900)——普鲁士
国务活动家,内务大臣(1881—1888),在反社会党人非常法时期是迫害社
会民主党人的组织者之一。——65。

Q

邱吉尔,伦道夫·亨利·斯宾塞(Churchill,Randolph Henry Spencer 1849—
1895)——英国国务活动家,保守党领袖之一,印度事务大臣(1885—
1886)、财政大臣(1886);殖民扩张的拥护者,反对爱尔兰地方自治;主张采
取一套社会蛊惑的办法。——66。

S

施梯伯,威廉(Stieber,Wilhelm 1818—1882)——普鲁士警官,普鲁士政治警
察局局长(1852—1860),科隆共产党人案件(1852)的策划者之一和主要
原告证人;同卡·维尔穆特合编《19 世纪共产主义者的阴谋》一书;普奥战

争(1866)和普法战争(1870—1871)时期为军事警察局局长,在法国境内的德国情报机关的首脑。——45。

施韦泽,约翰·巴蒂斯特·冯(Schweitzer, Johann Baptist von 1833—1875)——德国律师和新闻工作者,拉萨尔派代表人物之一,《社会民主党人报》创办人和编辑(1864—1871);全德工人联合会会员(1863年起)和主席(1867—1871);支持俾斯麦所奉行的在普鲁士领导下"自上而下"统一德国的政策,阻挠德国工人加入国际工人协会,反对社会民主工党;国会议员(1867—1871);1872年因同普鲁士当局的勾结被揭露而被开除出全德工人联合会。——59。

T

泰森多夫,海尔曼·恩斯特·克里斯蒂安(Tessendorf, Hermann Ernst Christian 1831—1895)——普鲁士检察官,柏林市法院法官(1873—1879),1885年起为柏林最高法院刑庭庭长;反社会党人非常法时期迫害社会民主党人的策划者。——45。

特耳克,卡尔·威廉(Tölcke, Carl Wilhelm 1817—1893)——德国律师和新闻工作者,社会民主党人;1848—1849年革命的参加者,斐·拉萨尔的拥护者,全德工人联合会会员(1863年起)、主席(1865—1866)、理事会成员(1874年以前)。——35、42。

W

瓦尔泰希,卡尔·尤利乌斯(Vahlteich, Carl Julius 1839—1915)——德国新闻工作者,鞋匠;全德工人联合会创建人之一和书记(1863—1864);国际德累斯顿支部创建人和德累斯顿工人教育协会主席(1867);德国社会民主工党创建人之一(1869);《开姆尼茨自由新闻》编辑(1872—1878);国会议员(1874—1876和1878—1881);1881年前往美国。——44、48。

X

希尔施,卡尔(Hirsch, Karl 1841—1900)——德国新闻工作者;全德工人联合会会员和国际会员,社会民主工党创始人之一(1869);1870—1871年主持《人民国家报》工作;1872年后为几家德国社会民主党报刊驻巴黎记者,布

鲁塞尔《灯笼》的出版者(1878—1879);1892年回到德国;《莱茵报》编辑
(1894—1895);同马克思和恩格斯保持联系。——45。

席佩耳,麦克斯(Schippel,Max 1859—1928)——德国经济学家和政论家,帝
国国会议员,1886年起为社会民主党人,90年代初加入"青年派",1893年
国际社会主义工人代表大会代表;第一次世界大战期间为社会沙文主义
者。——54、55。

夏洛克(Shylock)——莎士比亚的剧作《威尼斯商人》中的人物;残酷的高利
贷者,他根据借约要求从无法如期还债的债户身上割下一磅肉。——41。

Z

宗内曼,莱奥波德(Sonnemann,Leopold 1831—1909)——德国政治活动家、政
论家和银行家,小资产阶级民主主义者,《法兰克福报》的创办人和出版者;
曾接近工人运动;德意志帝国国会议员。——44、48。

左尔格,弗里德里希·阿道夫(Sorge,Friedrich Adolph 1828—1906)———国
际工人运动、美国工人运动和社会主义运动的活动家,教师和新闻工作者,
德国1848—1849年革命的参加者;1852年侨居美国,国际会员,国际美国
各支部的组织者,海牙代表大会(1872)代表,纽约总委员会委员和总书记
(1872—1874),北美社会主义工人党创始人(1876)之一;马克思和恩格斯
的朋友和战友。——53、60。

责任编辑：杜文丽

装帧设计：汪　莹

版式设计：周方亚

责任校对：梁　悦

图书在版编目（CIP）数据

哥达纲领批判/马克思著;中共中央马克思恩格斯列宁斯大林著作编译局编译.
　－北京:人民出版社,2015.12(2021.1 重印)
（马列主义经典作家文库）
ISBN 978－7－01－015569－2

Ⅰ.①哥…　Ⅱ.①马…②中…　Ⅲ.①马列著作-马克思主义　Ⅳ.①A124

中国版本图书馆 CIP 数据核字(2015)第 287580 号

书　　　名　**哥达纲领批判**
　　　　　　GEDAGANGLING PIPAN

编 译 者　中共中央马克思恩格斯列宁斯大林著作编译局

出版发行　**人民出版社**
　　　　　　（北京市东城区隆福寺街 99 号　邮编　100706）

邮购电话　（010）65250042　65289539

经　　销　新华书店

印　　刷　北京新华印刷有限公司

版　　次　2015 年 12 月第 1 版　2021 年 1 月北京第 4 次印刷

开　　本　635 毫米×927 毫米 1/16

印　　张　7.5

插　　页　3

字　　数　91 千字

印　　数　20,001－25,000 册

书　　号　ISBN 978－7－01－015569－2

定　　价　21.00 元